plurall

CB137825

Parabéns!
Agora você faz parte do **Plurall**, a plataforma digital do seu livro didático!
Acesse e conheça todos os recursos e funcionalidades disponíveis para as suas aulas digitais.

Baixe o aplicativo do **Plurall** para Android e IOS ou acesse **www.plurall.net** e cadastre-se utilizando o seu código de acesso exclusivo:

AAPJ29VDK

Este é o seu código de acesso Plurall. Cadastre-se e ative-o para ter acesso aos conteúdos relacionados a esta obra.

De mãos dadas

ÉTICA E CIDADANIA

9

Ensino Religioso

Avelino A. Correa

Graduado em Teologia e Filosofia.
Professor e conferencista de Ensino Religioso e Filosofia.
Prêmio Jabuti em 2001 pelo livro *Para filosofar*, editora Scipione.

Amélia Schneiders

Licenciada em Pedagogia.
Professora de Ensino Religioso nos Ensinos Fundamental e Médio.
Professora de Didática e Prática de Ensino em cursos de magistério.

editora scipione

editora scipione

Direção de inovação e conteúdo: Guilherme Luz
Direção editorial: Luiz Tonolli e Renata Mascarenhas
Gestão de projeto editorial: Mirian Senra
Gestão e coordenação de área: Wagner Nicaretta e Brunna S. Paulussi (Ciências Humanas)
Edição: Solange Mingorance, André Luiz Botelho Fonseca (assist.)
Colaboração: Andréia Szcypula
Gerência de produção editorial: Ricardo de Gan Braga
Planejamento e controle de produção: Paula Godo, Roseli Said, Marcos Toledo
Revisão: Hélia de Jesus Gonsaga (ger.), Kátia Scaff Marques (coord.), Rosângela Muricy (coord.), Ana Paula C. Malfa, Brenda Morais, Carlos Eduardo Sigrist, Gabriela M. de Andrade, Heloísa Schiavo, Larissa Vazquez e Vanessa de Paula Santos
Edição de arte: Claudio Faustino (coord.), Simone Zupardo Dias (edição de arte)
Diagramação: Jacqueline Ortolan, Livia Vitta Ribeiro
Iconografia e licenciamento de texto: Sílvio Kligin (superv.), Cristina Akisino e Denise Kremer (coord.), Iron Mantovanello (pesquisa iconográfica), Liliane Rodrigues e Luciana Sposito (licenciamento de texto)
Tratamento de imagem: Cesar Wolf, Fernanda Crevin
Ilustrações: André Valle, Biry Sarkis, Milton R. Alves, Rodrigo Arraya
Cartografia: Eric Fuzii (coord.)
Capa: Gláucia Correa Koller (coord.) e Aurelio Gadini Camilo
Foto de capa: gkuna/Shutterstock
Projeto gráfico de miolo: Gláucia Correa Koller (coord.), Talita Guedes da Silva

Avenida das Nações Unidas, 7221, 1º andar, Setor D
Pinheiros – São Paulo – SP – CEP 05425-902
Tel.: 4003-3061
www.scipione.com.br / atendimento@scipione.com.br

Dados Internacionais de Catalogação na Publicação (CIP)
(Câmara Brasileira do Livro, SP, Brasil)

Correa, Avelino A.
De mãos dadas : ética e cidadania, ensino religioso / Avelino A. Correa, Amélia Schneiders. -- 8. ed. -- São Paulo : Editora Scipione, 2017. -- (Coleção de mãos dadas)

Suplementado pelo manual do professor.
Bibliografia
ISBN: 978-85-474-0032-3 (aluno)
ISBN: 978-85-474-0036-1 (professor)

1. Educação religiosa (Ensino fundamental)
I. Schneiders, Amélia. II. Título III. Série.

17-04960 CDD-377.1

Índices para catálogo sistemático:

1. Educação religiosa nas escolas 377.1
2. Ensino religioso nas escolas 377.1
3. Religião : Ensino fundamental 377.1

2025
ISBN 978 85 474 0032 3 (AL)
ISBN 978 85 474 0036 1 (PR)
Código da obra CL 740098
CAE 621386 (AL) / 621387 (PR)
8ª edição
8ª impressão

Impressão e acabamento: Forma Certa Gráfica Digital

Código da OP: 283749.

Uma publicação SOMOS EDUCAÇÃO

Apresentação

Nossa viagem começa nos primeiros segundos de vida, no primeiro abraço da mãe, na alegria festiva de nossos familiares e amigos e segue mundo afora, com alegrias, dúvidas, frustrações, medos, amores, conquistas e celebrações. A jornada termina em nosso último suspiro, que, assim como aqueles segundos iniciais de vida, é um momento único.

Nesta coleção, vamos refletir sobre a vida e sobre como podemos tornar essa caminhada mais prazerosa, justa e ética – para nós e para os outros.

Aprenderemos, assim, a buscar a verdade, a entender o amor, a serenar as angústias e a continuar em frente diante de tantas opções nessa jornada chamada vida.

O nome Prometeu, personagem da mitologia grega que ofereceu a sabedoria à humanidade ensinando-a a utilizar o fogo, significa "aquele que pensa antes de realizar alguma ação". Sejamos como Prometeu, refletindo antes de agir para evitar que a imprudência nos carregue em direção às armadilhas que aparecem em nosso percurso rumo ao amadurecimento.

Independentemente de sua crença, nosso objetivo é auxiliá-lo a reconhecer os caminhos que podem levá-lo a uma vida boa e ética, sempre agindo com respeito a você mesmo e ao próximo.

Os autores

Conheça seu livro

Este livro é composto de cinco unidades, divididas em três capítulos cada.

As **aberturas de cada unidade** estão sempre em página dupla. Nelas, você encontra imagens que ajudam na reflexão sobre o conteúdo a ser estudado, embasadas por duas perguntas motivadoras que iniciam a discussão coletiva acerca dos diversos temas da unidade.

Cada **abertura de capítulo** traz uma epígrafe com informações pertinentes aos estudos do tema do capítulo.

O **texto introdutório** é muito importante, pois apresenta o tema a ser estudado no decorrer do capítulo.

A seção **Para ler e pensar** está presente no final de cada capítulo, com textos que estimulam a reflexão a respeito de assuntos relacionados ao tema estudado. Sempre leia esses textos e converse sobre eles com seus pais ou responsáveis, colegas e professores.

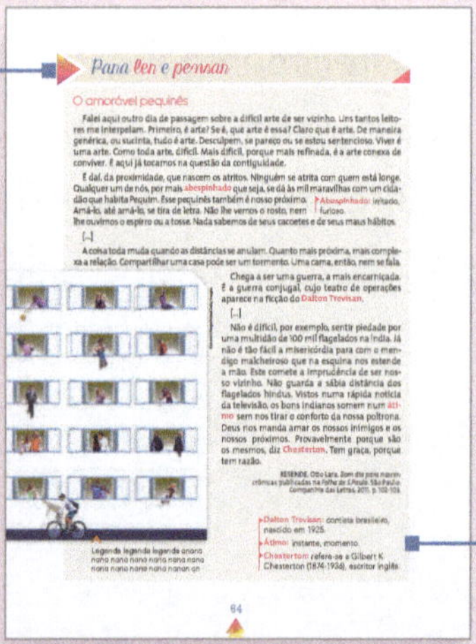

Ao longo de todo o material há indicações de **glossário**. Esse recurso permite encontrar o significado de palavras ou expressões, contribuindo para a compreensão dos conteúdos.

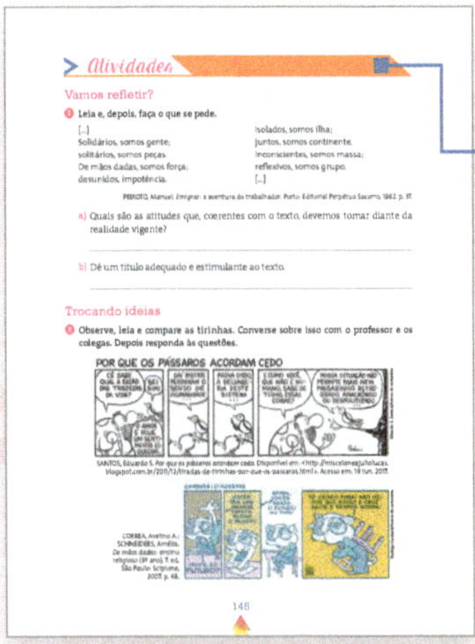

Todos os capítulos apresentam **atividades** que auxiliam a compreensão e o entendimento do conteúdo. Essas atividades focam na retenção do conhecimento e podem ser orais, escritas e realizadas individualmente, em dupla ou mesmo em grupo.

Ao final de cada unidade, a seção **Saiba mais** traz indicações de filmes, documentários, *sites*, livros ou palestras que vão ajudá-lo a ampliar o conhecimento sobre os assuntos estudados. Todo o material sugerido pode ser visto tanto em sala de aula quanto em casa.

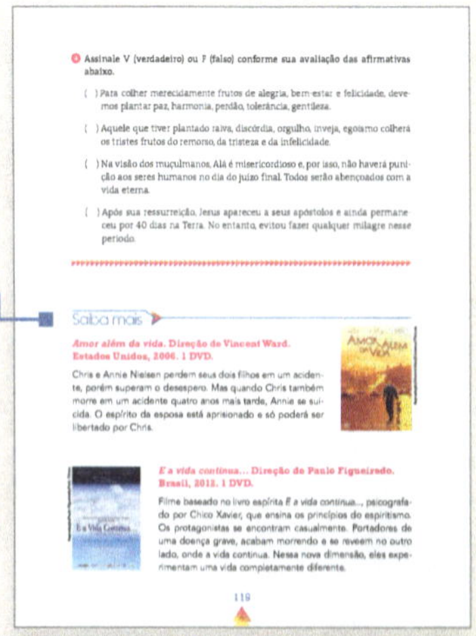

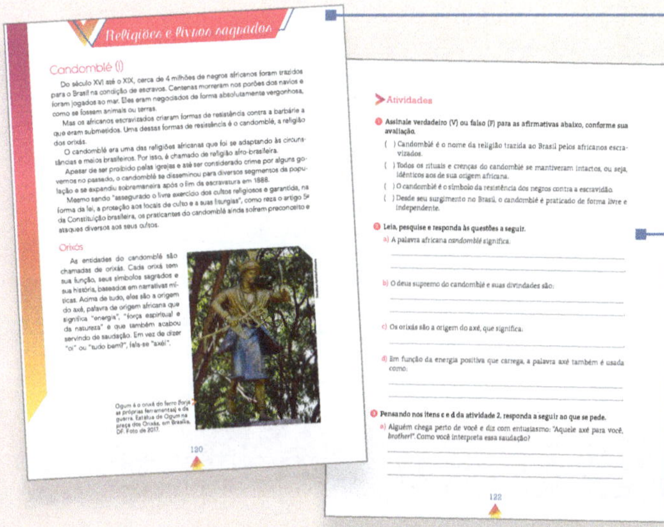

Para finalizar, cada unidade traz uma seção muito especial chamada **Religiões e livros sagrados**, em que são dadas informações mais detalhadas sobre algumas das principais religiões e suas crenças. Além disso, são abordados alguns dos livros considerados sagrados para várias religiões. Após o texto da seção, há **atividades** ligadas especificamente ao seu conteúdo.

Ao final da obra você encontra a **Bibliografia**, com indicações que podem auxiliá-lo no aprofundamento do estudo e da pesquisa relacionados ao Ensino Religioso.

Sumário

UNIDADE 3

UNIDADE 4

UNIDADE 5

UNIDADE 1

Caminhamos para onde?

1 Assim caminha a humanidade
2 O ser humano e a mitologia
3 A luz do Transcendente

Esta gravura sugere muitas interpretações. Pode representar, por exemplo, a busca de nosso destino: subindo ou descendo, a ele chegaremos. *Relatividade*, 1953, do holandês M. C. Escher.

robertharding/Alamy Stock Photo/Fotoarena

A Biblioteca do Congresso dos Estados Unidos, em Washington, é considerada a maior biblioteca do mundo (em espaço físico e em material catalogado) com aproximadamente 155 milhões de exemplares. Durante milhares de anos, a humanidade arquivou os conhecimentos adquiridos nas bibliotecas, nos arquivos digitais e, principalmente, na memória coletiva humana.

1. Quando surgiram os primeiros seres vivos sobre a Terra? E os seres humanos?
2. Em que você acha que o ser humano evoluiu mais: na tecnologia ou no amor ao próximo?

Capítulo 1

Assim caminha a humanidade

A vida só pode ser compreendida olhando-se para trás; mas só pode ser vivida olhando-se para a frente.

KIERKEGAARD, Sören. In: BINATO, Luiz Cláudio. ***O modelo do pensador:* respostas para liderança, estratégia e gestão**. Rio de Janeiro: Alta Books, 2015. p. 88.

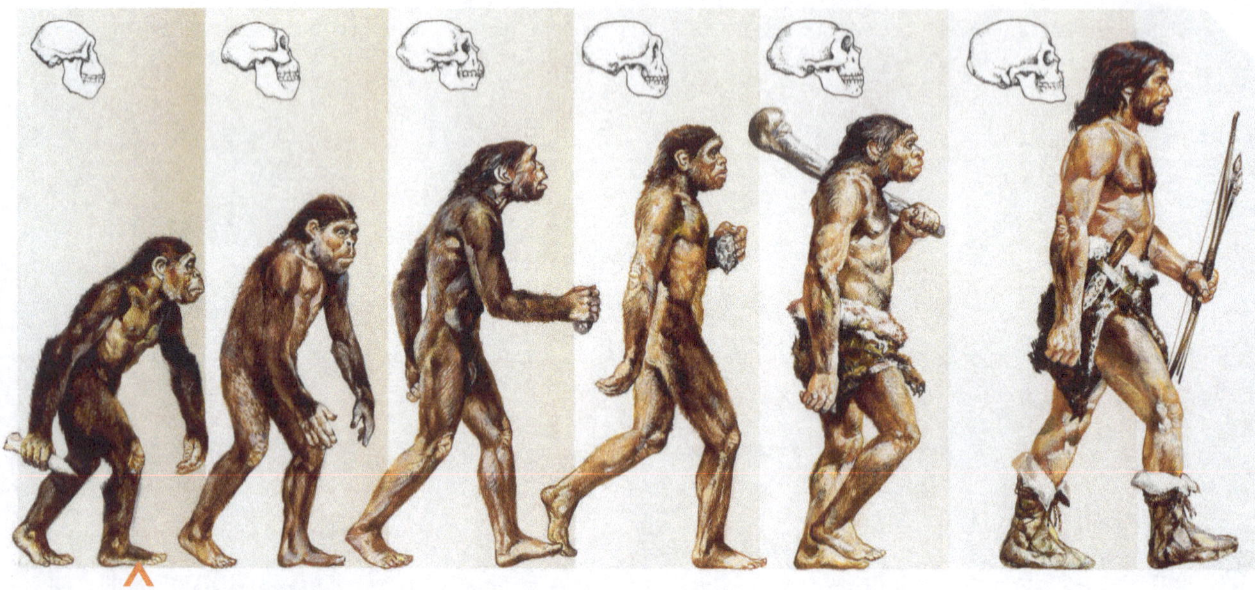

DeAgostini/Getty Images

Representação artística do processo evolutivo dos seres humanos.

Compreender como os seres humanos surgiram e se desenvolveram não visa apenas ao conhecimento histórico e biológico; essa compreensão também atende aspectos filosóficos e espirituais. Saber como surgimos, de que forma a vida evolui, nos leva a pensar sobre nosso caminho, aonde queremos chegar e de que modo podemos compartilhar isso com as pessoas que convivem conosco, ao mesmo tempo que somos capazes de aprender com elas.

Neste capítulo, vamos estudar a origem dos seres humanos, de que forma evoluímos e como isso leva a questionamentos sobre nossa maneira de viver.

Os primeiros hominídeos surgiram em torno de 4 milhões de anos atrás. É uma quantidade de tempo difícil de imaginar. Mas é uma época recente se comparada à do início da vida na face da Terra: há 3,5 bilhões de anos. Para termos uma ideia do que esse tempo representa, proporcionalmente, observe o infográfico a seguir, que transforma a escala de bilhões de anos em 24 horas. Nessa escala de 24 horas, o homem moderno só teria surgido nos últimos 4 segundos do dia.

Rodrigo Arraya/ Arquivo da editora

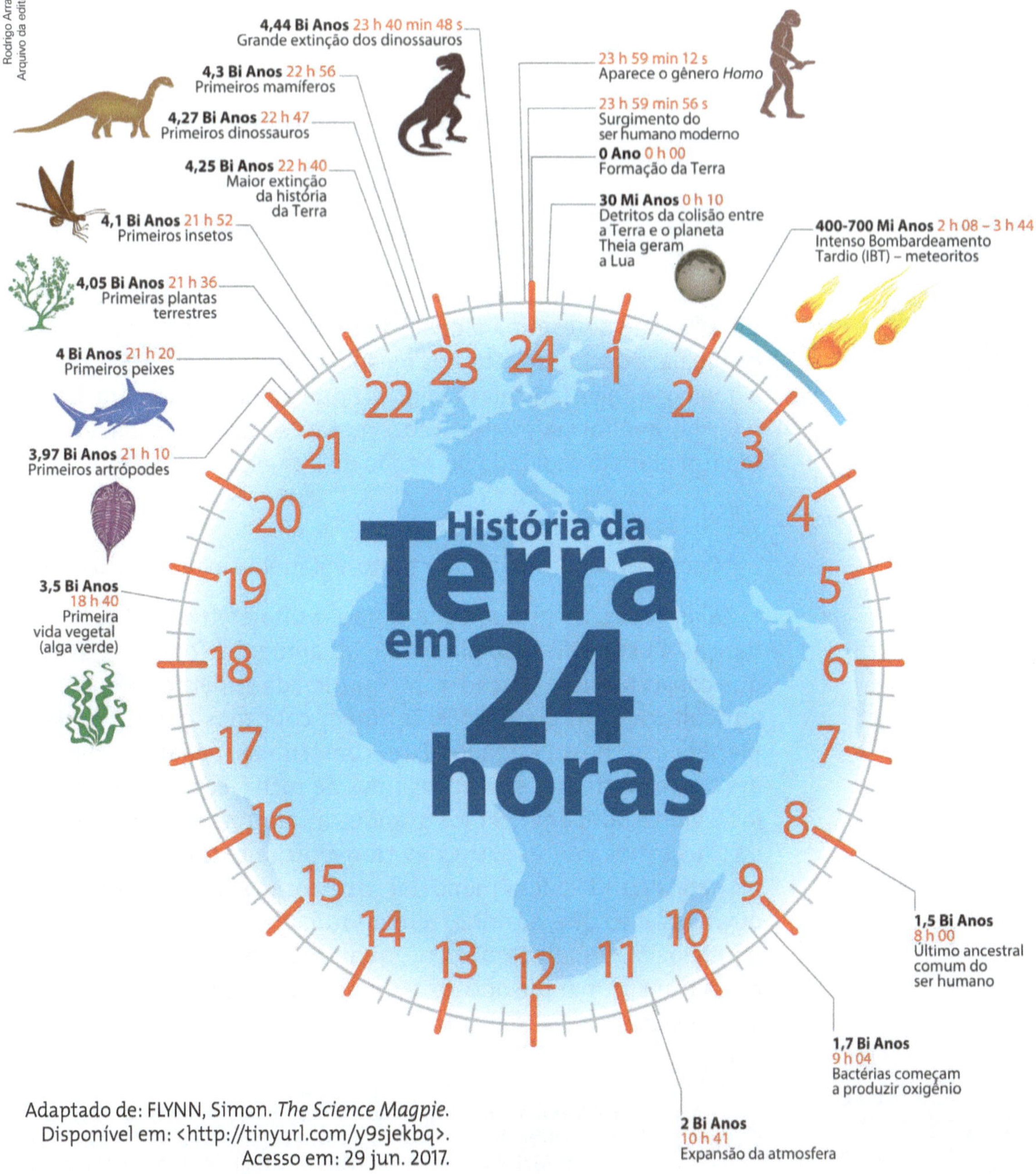

Adaptado de: FLYNN, Simon. *The Science Magpie*. Disponível em: <http://tinyurl.com/y9sjekbq>. Acesso em: 29 jun. 2017.

A espécie humana é, portanto, extremamente recente se comparada com o surgimento das primeiras formas de vida.

No entanto, os seres humanos são responsáveis por transformar o planeta. Moldamos a natureza de modo que ela pudesse se adaptar às nossas necessidades. Essas ações geraram progressos que permitiram uma vida mais longa, mais confortável, mas também geraram desigualdade e destruição. Leia parte da entrevista do cientista Jan Zalasiewicz, que explica as alterações feitas pelos seres humanos.

Há milhares de anos, o ser humano modifica o planeta conforme suas necessidades.

Fabiano dos Santos/ Acervo do cartunista

SANTOS, Fabiano dos. *Koizas da vida*: planeta Terra. Disponível em: <http://tinyurl.com/ycn495se>. Acesso em: 9 jun. 2017.

Bem-vindo à Era do homem

Cientista diz que humanos alteraram tanto o planeta que deram início a uma nova época geológica: o Antropoceno

[...] Em menos de 0,01% da história terrestre, já alteramos tanto sua química e biologia que especialistas dizem que detonamos uma nova era: o Antropoceno – em grego, algo como "novidade humana". O período teria começado há 200 anos, com a Revolução Industrial, e dado fim ao Holoceno ("totalmente novo"), ainda vigente na ciência tradicional. A Comissão Internacional de Estratigrafia, que determina a divisão do tempo geológico, formou um grupo para decidir se estamos mesmo no Antropoceno. Seu diretor, o geólogo inglês Jan Zalasiewicz, diz que ainda é cedo para dizer se o termo será formalmente aceito, mas que não há dúvida: vivemos em um planeta moldado pela ação do homem.

[...]

*** Como conseguimos mudar tanto o planeta em tão pouco tempo?**

Zalasiewicz: Os humanos têm sido muito efetivos em fazer mudanças na superfície do planeta. Para alimentar 7 bilhões tivemos que converter uma porção muito grande da superfície em terra de agricultura, com plantações. Também cobrimos grande parte do planeta com nossas cidades. Para construí-las, pegamos calcário e areia e convertemos em outros tipos de rocha, como concreto, tijolos e vidro. Também fizemos grandes mudanças na biologia: além de causarmos muitas extinções, transportamos animais por todo o planeta, criando o fenômeno das espécies invasoras. É difícil achar outro ser vivo que, sozinho, tenha mudado tanto o planeta. Só há paralelo no Período Cambriano, quando uma nova bactéria começou a transformar dióxido de carbono em oxigênio, mudando toda a atmosfera.

[...]

ROSA, Guilherme. Bem-vindo à Era do Homem. *Galileu*. Disponível em: <http://revistagalileu.globo.com/Revista/Common/0,,EMI252238-17771,00-BEMVINDO+A+ERA+DO+HOMEM.html>. Acesso em: 14 mar. 2017.

Pré-História e História

O termo Pré-História começou a ser utilizado pelos estudiosos a partir do trabalho do arqueólogo britânico Daniel Wilson, em 1851. A Pré-História vai do surgimento dos primeiros seres humanos até a descoberta da escrita, há aproximadamente 6 mil anos. O conhecimento do período antes da escrita foi adquirido pelo estudo de fósseis, utensílios, moradias, monumentos e outros vestígios.

Os seres humanos progrediram rapidamente e passaram de um modo de vida **nômade**, baseado em caça e coleta de alimentos, a um modo de vida mais fixo, com o desenvolvimento da agricultura e a domesticação dos animais. Dessa forma, as primeiras civilizações surgiram.

Nômade: sem lugar fixo.

Há cerca de 5 mil anos, despontava a civilização egípcia em torno do rio Nilo, norte da África. Os egípcios desenvolveram diversas ciências, como a matemática e a astronomia, eram exímios construtores e possuíam um sofisticado sistema de escrita.

Outras civilizações surgiram na Mesopotâmia, atual Iraque, abrangendo povos como os sumérios e os babilônios. Nessa região, há quase 4 mil anos, nasceu Abraão, o primeiro **patriarca** do povo hebreu, que deu origem ao judaísmo e às duas maiores religiões monoteístas da atualidade: o cristianismo e o islamismo.

Patriarca: entre os antigos, o chefe de uma família. No Antigo Testamento, os primeiros formadores do povo judeu.

Leia a seguir os trechos da Torá, livro sagrado dos judeus, e do Alcorão, livro sagrado dos muçulmanos, que citam Abrão, depois chamado Abraão (pai de um grande povo). Os cinco primeiros livros da Bíblia cristã correspondem à Torá.

Jonathan Blair/Getty Images

O rio Nilo serviu a civilização egípcia durante milhares de anos. Ao pôr do sol, um grupo de mulheres carrega potes de água, extraída do rio Nilo, até sua aldeia em Luxor.

Macrovector/Shutterstock

> Ora, o Senhor disse a Abrão: Sai-te da tua terra, da tua parentela, e da casa de teu pai, para a terra que eu te mostrarei. Eu farei de ti uma grande nação; abençoar-te-ei, e engrandecerei o teu nome; e tu, sê uma bênção.
>
> Torá. Gn 12,1-2.

Macrovector/Shutterstock

> E quem melhor professa a religião do que quem se submete a Deus, é praticante do bem e segue a crença de Abraão, o monoteísta? [O próprio] Deus elegeu Abraão por fiel amigo.
>
> Alcorão 4:125.

RMN-Grand Palais (musée Marc Chagall)/Adrien Didierjean

O patriarca Abraão serviu de inspiração para artistas das mais diversas épocas. *Abraão e os três anjos*, do artista russo Marc Chagall,1966. (Óleo sobre tela, 292 cm × 190 cm.)

A busca pelo conhecimento

Desde sua origem, a humanidade não parou de se desenvolver. Descobertas científicas, invenções, produções culturais e artísticas, novos meios de produção. São tão diversas as áreas exploradas pelos seres humanos que parece improvável que ainda exista mais alguma coisa a ser descoberta ou criada.

Mas, curiosamente, parece sempre haver algo mais para buscar. Uma descoberta leva a outra, um conhecimento puxa outro, e assim caminhamos rumo ao futuro, dominando cada vez mais o desconhecido. Se a técnica avança a passos largos, não podemos dizer que o mesmo acontece do ponto de vista social. Quanto mais acumulamos e produzimos conhecimento, mais desigualdade, intolerância e desconhecimento do próximo vemos.

No entanto, outras questões são difíceis ou praticamente impossíveis de serem respondidas, estão inseridas em um âmbito filosófico e espiritual. Faz parte da natureza do ser humano procurar conhecer a si mesmo, os outros, o meio ambiente, os fenômenos naturais e o sentido da existência na Terra. Qual o ser humano que nunca fez um dos questionamentos a seguir:

- Deus existe?
- Quem criou o Universo?
- Como surgiu a vida?
- Existe vida após a morte?
- O que é o amor?
- É possível ser feliz?

Essas e outras perguntas são pontos debatidos nas religiões e, embora não possam ser plenamente respondidas, inspiram debates profundos sobre nossa existência.

Look and Learn/Bridgeman Images/Easypix Brasil

Entre as primeiras ferramentas de pedra lascada e a chegada do ser humano à Lua, passaram-se cerca de 3 milhões de anos. Ainda assim, os grandes questionamentos dos seres humanos continuam sem resposta. Ao lado, *Homem da idade da Pedra*, ilustração do inglês Ron Embreton (1930-1988). Abaixo, o astronauta Buzz Aldrin caminha pela primeira vez na história sobre a superfície da Lua, em 1969.

Corbis/Getty Images

Os argumentos criados para debater essas questões muitas vezes demandam mais crença do que uma prova científica. Não podemos comprovar racionalmente a existência de Deus, mas a religião inspira a fé que as pessoas têm Nele. É fato que não devemos aceitar e acreditar em tudo o que nos dizem; porém, também é preciso ser consciente de que não há respostas para todas as perguntas e de que as religiões têm um papel social na construção de valores, como a tolerância, a compaixão, a caridade, e na busca por uma existência plena e feliz.

A vida em nossas mãos

Os seres humanos são responsáveis pela preservação da vida no planeta.

Cada um de nós pode tomar alguma atitude para preservar a vida e o meio ambiente. Não jogar lata de alumínio e saco plástico nas ruas, nos rios e mares e reduzir o consumismo são algumas das ações que todos podem fazer. Veja a seguir outras dicas práticas de especialistas para colaborar com a preservação do planeta.

[...]

Recicle o lixo: cada família que adere ao programa de coleta seletiva reduz em cerca de 1 tonelada por ano a emissão de dióxido de carbono na atmosfera.

Jogue menos comida fora: aproveite talos, cascas e restos em receitas nutritivas. Restos de comida representam 60% do lixo que vem dos lares brasileiros, e sua decomposição resulta na produção de gás metano, ligado ao efeito estufa.

Prefira alimentos frescos: comida congelada precisa de dez vezes mais energia para ser produzida.

Regule o termostato da geladeira: se ela não estiver lotada, a refrigeração pode ser mínima. Manter a temperatura abaixo de 5 ou 6 graus aumenta o consumo energético em 7%.

Encha a máquina: só use a máquina de lavar roupa quando ela estiver com sua capacidade máxima – cada ciclo consome 150 litros de água. Utilize a lavagem a frio sempre que possível. Ela economiza 92% de energia.

Tampe as panelas: reduz o tempo de preparo e economiza 30% de energia.

Rejeite propaganda indesejada: nos Estados Unidos, já existe uma associação – a *Direct Marketing Association* – que registra os pedidos de quem não quer mais receber correspondência inútil, como ofertas de cartões de crédito, catálogos e propagandas em geral. Essa lista é repassada às empresas e reduz em até 75% a quantidade de cartas recebidas. No Brasil, não há serviço semelhante. A saída é ligar para o SAC da empresa responsável pela correspondência indesejada e pedir para ter seu nome retirado da lista.

Reaproveite a água da chuva: construir coletores em telhados e calhas é bem mais fácil do que se pensa. Você pode usá-la para regar o jardim, lavar a calçada ou até mesmo para dar descarga no banheiro.

[...]

Recicle seu telefone celular: até 80% dos componentes desses aparelhos podem ser reaproveitados.

Monteny Bruno/Alamy Stock Photo/Fotoarena

[...]

Prefira as pilhas recarregáveis: elas duram até cinco anos, contra noventa dias de uma pilha alcalina comum. Antes de jogá-las no lixo comum, verifique se elas têm na embalagem o selo da Associação Brasileira das Indústrias Elétrica e Eletrônica: um bonequinho jogando um objeto num cesto, acompanhado da inscrição "lixo doméstico".

Desplugue-se: quando não estiver usando seus aparelhos eletrônicos, tire-os da tomada. Cerca de 5% da energia utilizada em residências (e que corresponde à emissão de 18 milhões de toneladas de carbono na atmosfera por ano) é consumida para manter aparelhos em modo *stand-by*. Isso vale inclusive para carregadores de *laptop* e celular, que gastam energia mesmo que não estejam conectados a nenhum aparelho.

[...]

SCHIBUOLA, Tatiana; RAQUEL, Nilma. 20 maneiras de ajudar o planeta. *Planeta Sustentável*. Disponível em: <http://planetasustentavel.abril.com.br/noticia/atitude/conteudo_240021.shtml?func=2>. Acesso em: 14 mar. 2017.

Atividades

Vamos refletir?

1 Mafalda é uma personagem questionadora criada pelo artista argentino Quino. Leia a tira da Mafalda a seguir e responda às questões.

©Joaquín S. Lavado Tejón (QUINO), TODA MAFALDA/Fotoarena

QUINO, Joaquín S. L. *Mafalda 1*. São Paulo: Martins Fontes, 2010. p. 71.

a) O que você responderia à pergunta da Mafalda, no primeiro quadrinho? Justifique.

____

____

____

____

b) Você concorda com a conclusão da Mafalda, no último quadrinho? Comente.

____

____

____

____

2 Agora leia a tira *As cobras*, do autor brasileiro Luis Fernando Verissimo, e responda às questões a seguir.

Luis Fernando Verissimo/Acervo do cartunista

VERISSIMO, Luis Fernando. *As cobras em: Se Deus existe que eu seja atingido por um raio.* Porto Alegre: L&PM, 2000. p. 125.

a) Ao questionar "qual é o significado de tudo?" você acha que a cobra está se referindo a quê?

b) Você concorda com a resposta da cobra maior? Comente.

c) Você já se questionou sobre seus objetivos na vida? O que faz você feliz e por quê?

Trocando ideias

3 De acordo com uma reportagem veiculada em 2015, a organização independente *Pew Research Center* divulgou dados de uma pesquisa que afirma que 59% dos americanos acham que ciência e religião estão em conflito. Você acredita que a crença religiosa e o conhecimento científico são compatíveis? Argumente.

4 Existem diversas ações que você pode praticar ao longo do ano para melhorar a sua vida e a vida das pessoas ao seu redor. Marque um **x** nas ações que você já pratica e sublinhe aquelas que pretende ou precisa praticar.

( ) Plantar uma árvore.
( ) Praticar a gentileza.
( ) Reutilizar e reciclar produtos.
( ) Ajudar os colegas e em casa.
( ) Estudar com empenho.
( ) Economizar água e energia.

André Valle/Arquivo da editora

( ) Descartar componentes eletrônicos corretamente.

( ) Partilhar com quem tem menos.

( ) Outras ações. Quais? ____

____

5 **Circule uma letra sim e outra não, a começar pela primeira. Depois escreva o que descobriu.**

A	Q	M	U	I	E	S	M	S	P	Ã	L	O	A	D	N	E	T
C	A	A	V	D	A	A	L	P	O	E	R	S	E	S	S	O	H
A	A	É	V	D	E	E	R	I	Á	X	D	A	E	R	C	E	O
S	L	T	H	E	E	M	R	U	S	N	E	D	U	O	S	M	F
E	R	L	U	H	T	O	O	R	S	*	*	*	*	*	*	*	*

- Letras circuladas: ____
____.

- Letras não circuladas: ____
____.

Pensando juntos

6 **Estudos recentes apontam cinco itens fundamentais para uma vida feliz. Em duplas, leiam cada item e acrescentem uma observação.**

a) Conecte-se com as pessoas! ____

b) Seja ativo! ____

c) Preste atenção ao mundo ao seu redor! ____

d) Continue aprendendo sempre! ____

e) Compartilhe algo com o mundo! ____

7 **Em duplas, pesquisem a história de Abraão, o patriarca dos hebreus, e escrevam brevemente sobre ele.**

____

____

____

Capítulo 2

O ser humano e a mitologia

O lugar do homem é no meio, entre os deuses e os animais; às vezes tende para uns, às vezes para outros; alguns homens assemelham-se aos deuses; outros, às feras; a maioria fica no meio.

PLOTINO. In: ABBAGNANO, Nicola. ***Dicionário de Filosofia***. São Paulo: Martins Fontes, 2012. p. 598.

Lucas Schifres/Getty Images

A criação de Adão, Michelangelo, 1511. (Afresco, 280 cm × 270 cm.)

Os mitos são histórias sobre deuses capazes de feitos extraordinários (bons e maus), tendo o destino dos seres humanos em suas mãos. A mitologia é uma representação, uma alegoria, do que somos e daquilo que podemos fazer.

Neste capítulo, vamos conhecer mais essas narrativas, seus significados, sua importância para outras áreas do conhecimento e sua relação profunda com a religião, que se apropria dos mitos para construir a própria história.

Mitologia

Os mitos são narrativas criadas pelos povos para explicar os fenômenos naturais e decifrar os mistérios do mundo, da vida e da morte. Por que existem os relâmpagos? Quem fez o mundo e os seres humanos? Como entender a existência do bem e do mal? Como se explica o amor e o ódio? E a liberdade? Esses são apenas alguns exemplos de questionamentos que motivaram variadas respostas das mais diversas culturas ao longo do tempo.

Os mitos sobre a origem do Universo e da humanidade são interpretações coletivas que buscam sentido para a nossa história por meio de forças da natureza e de seres sobrenaturais, como os deuses. Os mitos nos ajudam a entender a nós mesmos. A mitologia é um instrumento de autoconhecimento e de compreensão sobre a interação entre os seres humanos.

Não há ramo das artes que não tenha sofrido alguma influência dos mitos. A literatura e as artes plásticas talvez sejam o melhor exemplo. A *Odisseia* e a *Ilíada* de Homero são obras-primas da literatura universal que incluem em sua narrativa os mitos gregos. Mesmo que a mitologia pareça ser algo distante de nós na sociedade atual, todos os dias nos deparamos com seus significados e ritos.

Os mitos de épocas e lugares diferentes são semelhantes em relação à narrativa da criação do mundo e dos primeiros seres humanos. Uma constante também são as oferendas com que se homenageiam os seres superiores para obter favores e fazer agradecimentos. A mitologia teve e continuará tendo um papel fundamental para os seres humanos, pois é, de certa forma, uma interpretação daquilo que somos.

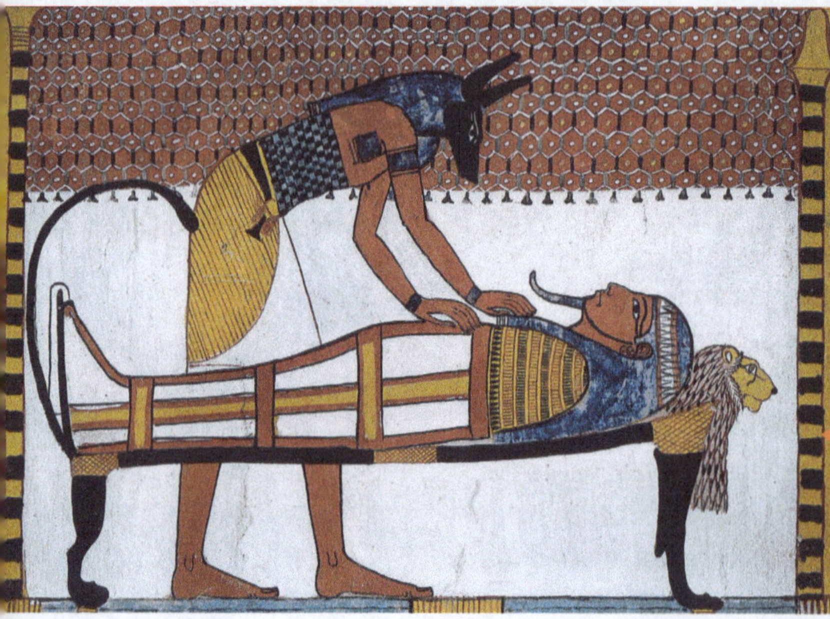

De Agostini Picture Library/G. Lovera/Bridgeman Images/ Easypix Brasil

Segundo a mitologia egípcia, o deus Anúbis (com cabeça de chacal) guiava os mortos para outro mundo. *Anúbis acompanha a mumificação de Sennedjem*, pintura do túmulo de Sennedjem, artesão de confiança de dois faraós entre os séculos XII a.C. e XIII a.C.

Mitologia grega

A mitologia grega é a que mais influenciou e ainda influencia a **civilização ocidental**. Ela criou deuses, **semideuses** e heróis que agiam como os humanos em relação a amor, heroísmo, casamentos, ciúmes, intrigas, traições e vingança.

É comum utilizarmos termos que se referem aos mitos gregos, muitos desses termos são utilizados pela filosofia e a psicologia, entre outras áreas. Há, por exemplo, a chamada personalidade narcisista, caracterizada por pessoas que têm exagerada admiração por si mesmas e se sentem merecedoras de atenção especial. Os narcisistas só veem a si mesmos.

O nome desse transtorno vem da história de Narciso, que segundo a mitologia grega era filho de um deus e uma ninfa e possuía uma beleza incomum. Narciso, no entanto, nunca tinha visto seu próprio reflexo, até o dia em que se mirou em um lago e pôde observar seu rosto refletido. Segundo a narrativa, ele ficou encantado e se apaixonou pela própria imagem, e tanta era sua admiração por sua beleza que não conseguiu afastar-se do lago. Morreu ali contemplando-se. Há versões contando que Narciso morreu afogado porque tentou buscar a própria imagem, afundando-se no lago.

Podemos citar muitas outras expressões, como calcanhar de aquiles, que significa o ponto fraco de alguém. De acordo com a mitologia grega, Aquiles, ao nascer, foi banhado no rio Estige para se tornar invulnerável. Mas continuou vulnerável nos calcanhares, por onde foi segurado e não recebeu água.

Nos tempos atuais, mito também passou a designar pessoas que se destacam em suas áreas de atuação. Modelos, desportistas e artistas, entre outros, tornam-se exemplos de realização pessoal de milhões de fãs. Outra concepção da palavra é a que a identifica com algo não verdadeiro, por exemplo, dizer que faz mal comer manga com leite.

Civilização ocidental: geograficamente, compreende os países da Europa, parte da África, Oceania e as Américas. Culturalmente, caracteriza-se pela influência do cristianismo e da civilização greco-romana.

Semideus: ser imortal que participava da divindade, como os faunos, as ninfas, etc. Filho de um deus e de uma mortal, ou de uma deusa e um mortal.

Detalhe da pintura *Eco e Narciso*, do inglês John William Waterhouse, 1903. (Óleo sobre tela, 189 cm × 109 cm.)

O mito da criação

Há inúmeras narrativas sobre a criação do mundo. Assim começa o mito da criação segundo a mitologia escandinava:

> Primeiro, havia o Caos, que era o Nada do Mundo, e isto era tudo quanto nele havia. Nem Céu, nem Mar, nem Terra – nada disto havia.

FRANCHINI, A. S.; SEGANFREDO, Carmen. *As melhores histórias da mitologia nórdica*. 5. ed. Porto Alegre: Artes e Ofícios, 2006.

A narrativa é semelhante à da Bíblia, no livro do Gênesis:

> No princípio, Deus criou o céu e a terra. A terra estava deserta e vazia, as trevas cobriam o abismo e o Espírito de Deus pairava sobre as águas.
>
> Gênesis 1,1-2. Bíblia Sagrada. 8. ed. Tradução da CNBB. Brasília: Edições CNBB; São Paulo: Editora Canção Nova, [s.d.]. p. 15.

Macrovector/Shutterstock

Musée du Louvre, Dist. RMN-Grand Palais/Pierre Philibert

Pela mitologia grega, Posêidon, também conhecido como Netuno, comandava os mares e os lagos. *Netuno acalmando as ondas*, 1737, do francês Lambert-Sigisbert Adam. (Escultura em mármore, 85 cm × 59 cm × 48 cm.)

Nos textos sagrados hindus, encontramos a seguinte narrativa:

> 1. No início, tudo isto, na verdade, era só Altman, único e sem um segundo. Não havia mais nada que luzisse. Ele pensou consigo: "Deixe-me agora criar os mundos".
>
> 2. Ele criou estes mundos: Ambhah, o mundo do ar; Marichi, o mundo dos raios solares; Mara, o mundo dos mortais; e Ap, o mundo das águas. Yon é Ambhah, acima do paraíso; o paraíso é seu suporte. Os Marichis são o interespaço. Mara é a terra. O que está abaixo é Ap.

Texto elaborado com base em: AITAREYA Upanishad. A criação de Virat. In: UPANISHADS do Rig Veda. Rio de Janeiro, 2009.Disponível em: <www.shri-yoga-devi.org/textos/Upanishads-do-Rig-Veda-port.pdf>. Acesso em: 15 mar. 2017.

Uma característica comum em algumas narrativas mitológicas da criação do mundo é o ato criador realizado por um ser superior que do caos, do vazio, do nada faz surgir o Universo com estrelas, mares, montanhas.

Segundo a Bíblia, Deus fez o mundo e o homem em sete dias. Contudo, a **teoria** mais aceita pela ciência para o surgimento do Universo é a do *big-bang* (a grande explosão), formulada em meados do século XX. Segundo essa teoria, há 15 bilhões de anos, toda matéria e energia existentes se concentravam em uma densa e quente esfera, que acabou explodindo, originando estrelas, planetas, mares, e os seres vivos são o resultado de milhões de anos de evolução.

Teoria: conhecimento fundamentado em observações e princípios racionais e práticos capazes de justificar e explicar satisfatoriamente um fato. As teorias estão sujeitas a contestações e reformulações.

Independentemente da veracidade dos mitos, as narrativas mitológicas devem ser consideradas importantes fontes de conhecimento sobre a condição humana, uma metáfora que nos auxilia a olhar a vida sob novas perspectivas.

Henning Dalhoff/Getty Images

Representação artística da origem do Universo segundo a teoria do *big-bang*.

A criação do ser humano

Oxalá, criador dos seres humanos, está representado de roupa branca e encurvado. *Oxalá*, 1965, do brasileiro Carybé. (Óleo sobre tela, 59 cm x 129 cm.)

Assim como a mitologia trata sobre a criação do Universo, ela também narra a criação dos seres humanos. Cada povo elaborou uma narrativa sobre a criação dos primeiros seres humanos. Para a mitologia ioruba, fonte que inspira várias religiões, como o candomblé, o ser humano foi criado por Oxalá, seguindo as ordens de seu pai Olodumaré, também conhecido como Olorum, o deus supremo. Oxalá tentou moldar o ser humano em ferro, madeira, água entre outros elementos, mas não foi bem-sucedido, todos os moldes tinham problemas, até que ajudado por Nanã ele usou o barro e conseguiu terminar sua tarefa.

A criação do homem segundo a mitologia ioruba, assim como a narrativa bíblica, é semelhante à de outras culturas. Segundo a Bíblia, Deus utilizou o barro para fazer o primeiro homem, Adão, que significa "tirado do barro".

> Então o Senhor Deus formou o ser humano com o pó do solo, soprou-lhe nas narinas o sopro da vida, e ele tornou-se um ser vivente.
>
> Gênesis 2,7. *Bíblia Sagrada*. 8. ed. Tradução da CNBB. Brasília: Edições CNBB; São Paulo: Editora Canção Nova, [s.d.]. p. 16.

A palavra homem deriva de *humus* (latim), que significa "solo, terra". Sobre a criação de Eva:

> Então o Senhor Deus fez vir sobre o homem um profundo sono, e ele adormeceu. Tirou-lhe uma das costelas e fechou o lugar com carne. Depois, da costela tirada do homem, o Senhor Deus formou a mulher e apresentou-a ao homem. E o homem exclamou:
>
> "Desta vez sim, é osso dos meus ossos e carne da minha carne!"
>
> Gênesis 2,21-23. *Bíblia Sagrada*. 8. ed. Tradução da CNBB. Brasília: Edições CNBB; São Paulo: Editora Canção Nova, [s.d.]. p. 17.

A expressão "osso dos meus ossos e carne da minha carne" significa que homem e mulher têm a mesma origem e um não é superior ao outro.

Para ler e pensar

E Prometeu criou a humanidade

O mundo está pronto. Entretanto, falta ainda um ser capaz de odiar e amar. Julgar e punir. Perdoar e esquecer. Lembrar e criar. Um ser que, com sua poderosa alma, seja humilde o bastante para temer os deuses e render-lhes homenagens e cultos.

Falta o homem [referindo-se ao ser humano].

Para forjá-lo, Prometeu arranca o barro do chão e mistura-o com suas próprias lágrimas. Incessantemente trabalha, com paixão e arte, aquela massa informe, até que ela obtém feições semelhantes às de um deus.

Embevecido com a beleza de sua obra, Prometeu decide esculpir uma multidão de estátuas. E, por noites e dias inteiros, debruça-se sobre o barro e dá-lhe formas sob modelos divinos.

Quando termina, contempla suas criaturas. São idênticas, assim enfileiradas e mudas, e parecem-lhe vazias: falta-lhes vida.

Então, o grande artista insufla nas estátuas caracteres de animais: a coragem do leão, a fidelidade do cavalo, a força do touro, a esperteza da raposa, a avidez do lobo.

E as criaturas de barro começam a movimentar-se. Lenta, porém decididamente.

Mas ainda falta-lhes a faísca do espírito divino, que as tornará capazes de ousar.

Atena (Minerva), [...] a deusa da sabedoria, decide ajudar Prometeu. Pega uma taça cheia de néctar divino. Desce ao mundo. E entrega-a a todos aqueles seres, já dotados de vida, para que sorvam algumas gotas.

De repente, sobre a cabeça de cada um, surge uma luz nova e bela.

Agora são homens. Têm uma alma. Mas ainda não sabem o que fazer com ela.

[...]

NETO, Antônio Gil. *A produção de textos na escola:* uma trajetória da palavra. 4. ed. São Paulo: Edições Loyola, 1996. p. 96-97.

Reprodução/Museu de Arte Augusteum, Oldenburgo, Alemanha

Após Prometeu criar os seres humanos, a deusa Atena entrega algumas gotas de néctar divino a cada um, concedendo-lhes uma alma. *Atena concede alma ao homem*, 1878, óleo sobre tela do alemão Christian Griepenkerl.

Atividades

Vamos refletir?

1 *Um sábado qualquer* é o trabalho do quadrinista Carlos Ruas, que produz tiras sobre religiões, deuses e personagens históricos. Leia a tira, com um diálogo entre o filósofo alemão Friedrich Nietzsche e Deus, e depois responda às questões.

Carlos Ruas/Acervo do cartunista

RUAS, Carlos. Nietzsche 8. *Um sábado qualquer*. Disponível em: <www.umsabadoqualquer.com/151-nietzsche-8/>. Acesso em: 16 mar. 2017.

a) Diante da reação de Deus e do texto da tira, você acha que ela é ofensiva ou simplesmente bem-humorada? Acha que esse tipo de texto pode gerar reflexão ou ser encarado de maneira positiva mesmo por pessoas que seguem uma doutrina religiosa? Comente.

b) Plágio significa copiar o trabalho de alguém como sendo seu. Ao acusar Deus de plágio, Nietzsche se referia a qual narrativa bíblica?

c) Por que Nietzsche, na tira, acusa Deus de plagiar os egípcios, e não o contrário?

2. Todos nós conhecemos algum mito porque fazem parte da nossa construção cultural. Registre um mito que você conheça e explique por que o escolheu.

3. A criação do homem e da mulher, segundo a Bíblia, sugere:

Que ambos são iguais em dignidade e direitos.

Que um não é superior ao outro.

- Você percebe a realidade entre o homem e a mulher dessa forma? Comente.

4. Escreva as qualidades que você acredita que todos os seres humanos deveriam ter para levar uma vida em harmonia com outros seres vivos.

Trocando ideias

5. Em outubro de 2016, a Terra atingiu a marca de 7,3 bilhões de seres humanos. Todas essas pessoas representam culturas, nacionalidades, religiões e valores diferentes. Diante desse número, reflita e converse com o professor e os colegas sobre as questões a seguir.

   a) De que maneira todas as pessoas do planeta poderiam viver de forma harmoniosa com tantas diferenças entre elas?

b) Vimos que povos muito diferentes, em diferentes épocas e regiões, criaram mitos de criação muito semelhantes. De que forma essa semelhança poderia servir de argumento para mediar situações de conflito entre os povos e as religiões?

Ideias em ação

6 **Escolha e pesquise um mito de qualquer povo ou religião que preferir e crie uma peça artística sobre ele. Pode ser desenho, música, vídeo, montagem com fotos, poema, conto, coreografia, *performance*, etc. Exponha sua peça artística ou apresente na classe e conte o mito que escolheu. A atividade pode ser feita individualmente ou em grupo. Depois conte sua experiência abaixo.**

Momento de oração

7 **Leia a oração dedicada a Oxalá, criador dos seres humanos, segundo a mitologia ioruba.**

Divina manifestação do Bem, Senhor da perfeita sabedoria e do bendito amor, Ó!

Vós que recebeis o poder do supremo doador para tudo e todos.

Protegei-nos das ciladas ilusórias do mundo enganador, despertai-nos para a realidade da vida imortal, sois a imaculada irradiação do altíssimo,

Vosso nome é só mavioso e compassivo, que nos guia; com ternura e esperança, para a Aruanda – Cidade de Luz.

Ai de nós empedernidos, na mais grosseira materialidade, Afogados em sentimentos inferiores, rogamos contritos pela salvação da nossa consciência.

Junto a Vós, trilharemos por caminhos iluminados, porque sois a divina pureza, acolhedora e misericordiosa. Santo Nome, envolvei-nos em sentimentos fraternos de real amor, a fim de chegarmos até Vós, Oxalá!

Tende pena de nós, tende compaixão...

Êpa, êpa, Babá Oxalá.

RAÍZES espirituais. Oração de sexta a Oxalá. Disponível em: <www.raizesespirituais.com.br/oracao-de-sexta-a-oxala/>. Acesso em: 16 mar. 2017.

Capítulo 3

A luz do Transcendente

Sabes que é Deus?! Esse infinito e santo
Ser que preside e rege os outros seres,
Que os encantos e a força dos poderes
Reúne tudo em si, num só encanto?

ANJOS, Augusto dos. ***Eu e outras poesias***. 42. ed. Rio de Janeiro: Civilização Brasileira, 1998. Disponível em: <www.dominiopublico.gov.br/download/texto/bv.00054a.pdf>. Acesso em: 17 mar. 2017.

Luz, claridade e iluminar são palavras que deram origem ao termo Deus. Há milhares de anos, um certo povo acreditava que o Transcendente (o ser supremo) é aquele que ilumina a vida, afastando a escuridão.

Cristo declarou-se luz: "Eu sou a luz do mundo, quem me segue não anda nas trevas".

Interessante notar que aquele povo, muito antes da Era Cristã, já relacionava o Transcendente com luz. Aliás, outros povos também fizeram a relação entre Transcendente e luz.

São essas as novidades deste capítulo.

Mykola Mazuryk/Shutterstock

A luz produz belezas indescritíveis, como a do pôr do sol.

Milton R. Alves/Arquivo da editora

Ilustração representando Tupã, mensageiro indígena de um Transcendente, cuja morada era o Sol.

A palavra Deus designa o criador do mundo e dos seres humanos. Existem vários termos equivalentes a Deus: Alá para o islamismo; Olorum para o candomblé; Nhamandu para os guaranis. Por isso, adotou-se a palavra Transcendente para indicar o criador nas várias tradições religiosas.

Transcendente vem do verbo transcender, que significa "elevar-se ou estar acima de". O Transcendente é, pois, o ser supremo, sublime, excelso. Leia a seguir um trecho escrito pelo cientista inglês Isaac Newton (1643-1727). Newton foi um cientista profundamente ligado às questões religiosas e cita com frequência o Transcendente em suas obras.

> Este magnífico sistema do Sol, planetas e cometas poderia somente proceder do conselho e domínio de um Ser inteligente e poderoso. E, se as estrelas fixas são os centros de outros sistemas similares, estes, sendo formados pelo mesmo conselho sábio, devem estar todos sujeitos ao domínio de Alguém... Esse Ser governa todas as coisas, não como a alma do mundo, mas como Senhor de tudo; e por causa de seu domínio costuma-se chamá-lo Senhor Deus Pantokrátor, ou Soberano Universal.

NEWTON, Isaac. Óptica. In: *Newton*. São Paulo: Nova Cultural, 1996. p. 256. (Os pensadores).

Deus, luz do mundo

As línguas são agrupadas em famílias de acordo com a origem e semelhanças. As línguas da família indo-europeia são faladas em quase todo o Ocidente, na Índia e no Irã: o português, o italiano, o francês, o inglês, o alemão, o espanhol, o grego, o russo, entre outras.

Todas essas línguas tiveram uma fonte comum: a língua protoindo-europeia, falada por um povo que habitou o sul da Rússia, entre os mares Negro e Cáspio, há milhares de anos.

Em torno do terceiro milênio a.C., o povo protoindo-europeu começou a migrar para os atuais países europeus e para a Pérsia e a Índia, dando início à formação da família linguística indo-europeia.

Migração da língua protoindo-europeia (cerca de 3 mil anos atrás)

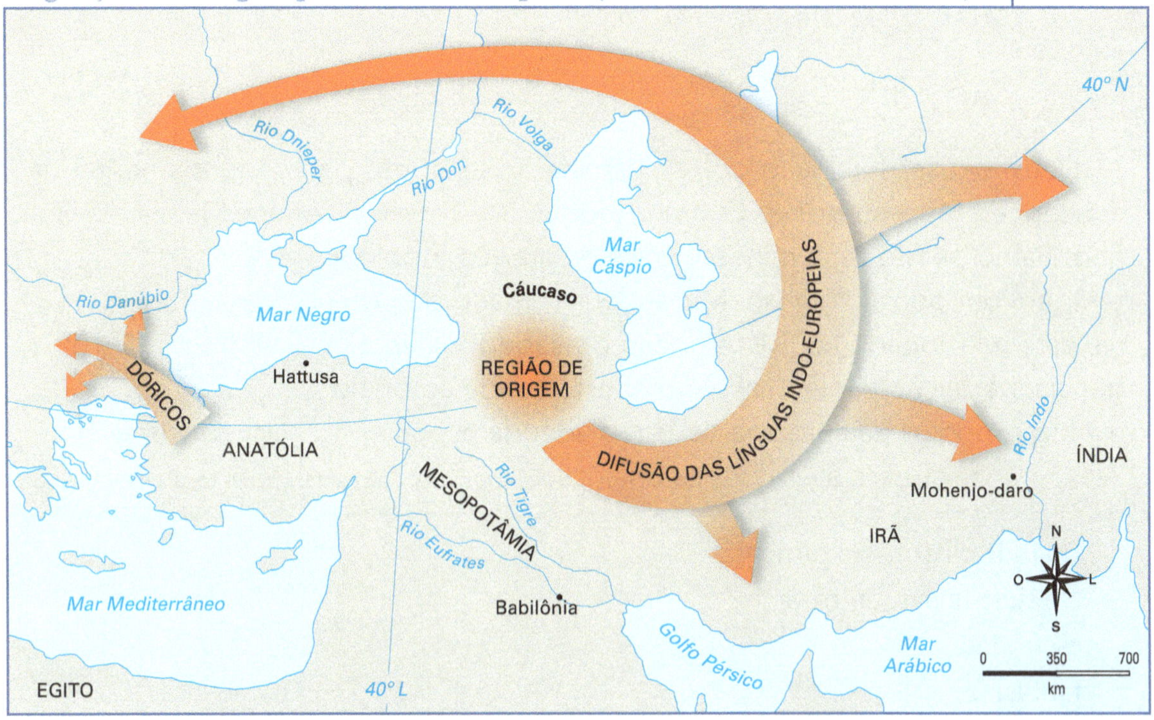

Adaptado de: GAMKRELIDZE, Thomas V.; IVANON, V. V. The early history of indo-european languages. *Scientific American*, março 1990. v. 262. p. 84.

O povo protoindo-europeu cultuava um Ser Supremo, o Deus Celeste, chamado Deiwos.

A palavra Deus, assim como todas as que designam o ser supremo nas línguas indo-europeias, é originada de *Deiwos*, que significa "o ser divino luminoso". A palavra *Deiwos* deriva do radical *Dei* (iluminar). De *Deiwos* proveio também a palavra dia, tempo iluminado, em contraste com a noite.

Para muitas religiões, Deus é o ser transcendente que irradia luz. Na Bíblia, Deus é a luz dos homens em inúmeras passagens. No livro do Gênesis, a luz é o primeiro elemento que Deus criou.

No Novo Testamento, Jesus, o filho de Deus, afirma:

"Eu sou a luz do mundo. Quem me segue não caminha nas trevas [...]" (João 8,12).

E acrescenta a seus discípulos:

"Vós [também] sois a luz do mundo" (Mateus 5,14).

Portanto, a ideia de Deus está relacionada com luz, com um ser supremo que irradia luz. Buda, o fundador do budismo, é chamado de "o iluminado", aquele que alcançou a luz da sabedoria.

Para ler e pensar

Deus da luz

Deus é o ser luminoso por excelência. Esse ponto parece fundamental na concepção indo-europeia. O grande deus **aquemênida** Ahura Mazda, "o Senhor Sábio", é um ser luminoso. Entre os gregos, Apolo é também um deus luminoso. Mitra, deus romano da justiça, está relacionado ao Sol. A noção de sabedoria, inteligência, perfeição intelectual e moral está ligada ao brilho e à luz, símbolos da ausência de faltas de toda espécie.

Aquemênida: nome de uma dinastia que governou a Pérsia em seu primeiro período monárquico independente.

TERRA, João Evangelista Martins. *O Deus dos indo-europeus*. São Paulo: Edições Loyola, 1999. p. 266.

Quando olhares em torno
... e tudo te parecer treva,
escuridão,
fantasma,
antes de clamar
contra a maldade dos tempos
e dos homens,
examina
se estás sendo
a luz que deves ser...

CÂMARA, Dom Hélder. *Mil razões para viver*. Rio de Janeiro: Civilização Brasileira, 1987. p. 36.

robertharding/Alamy Stock Photo/Fotoarena

Relevo em pedra do deus aquemênida Ahura Mazda, situado no sítio arqueológico de Persépolis, no Irã. A construção de Persépolis iniciou-se no governo do rei Dario I (550 a.C.-486 a.C.).

Atividades

Pensando juntos

1. Em duplas, pesquisem o nome dado ao Transcendente em outras religiões e culturas. Escrevam a fonte de onde tiraram a informação.

Vamos refletir?

2. Leia e circule abaixo.

   a) A palavra que melhor caracteriza o Transcendente.

   brilho nuvem luz amanhecer

   b) As palavras que definem o verbo transcender.

   passar elevar-se ultrapassar permanecer

   c) As palavras que completam a frase: Transcendente é o ser...

   supremo forte sublime generoso excelso

3. Responda com poucas palavras as questões a seguir.

   a) De onde se origina a palavra Deus?

   b) O que significa *Deiwos*?

   c) Quem era *Deiwos*?

   d) Qual a origem do povo protoindo-europeu?

4 **Leia a história e depois faça o que se pede.**

Um homem andava triste e desanimado. Encontrou-se com um lenhador que lhe perguntou:

— Por que estás triste?

— Sinto-me só! — disse o homem. — Penso que Deus nem percebe que eu existo!

O lenhador, então, apontando para a cidade, que se avistava ao longe, disse:

— Olhe! O Sol é um só, mas entra com seus raios em todas aquelas casas, se as janelas estiverem abertas. Assim é Deus: basta abrir o coração e Ele entrará...

O homem, ao ouvir isso, agradeceu, foi calmamente até sua casa e abriu todas as janelas para a luz do Sol entrar...

Texto elaborado com base em: MILANI, Lori. *Abrir a janela*. Disponível em: <http://jorgekontovski.ning.com/profiles/blogs/abrir-a-janela>. Acesso em: 28 mar. 2017.

- Escolha e circule a melhor conclusão para a história.
  - Assim como o Sol envia seus raios, Deus envia sua luz a todos aqueles que abrem a janela do seu coração.
  - Uma casa inundada pela luz do Sol produz saúde, alegria e bem-estar a seus habitantes.

Momento de oração

5 **Leia e reflita sobre as palavras abaixo.**

Que a luz do Transcendente
transforme a nossa vida!
Que nada continue como antes!
Que tudo se torne iluminado!
E que um novo olhar
transforme o nosso ser e agir.

Rodrigo Arraya/Arquivo da editora

Saiba mais

***Êxodo: deuses e reis*. Direção de Ridley Scott. Estados Unidos, 2014. 1 DVD.**

História do líder bíblico Moisés, criado no Egito pela irmã do faraó. Já adulto, descobre que é hebreu e recebe ordens de Deus para deixar o Egito e conduzir os hebreus à Terra Prometida, Canaã.

Reprodução/Ridley Scott/Fox Film do Brasil

Budismo (I)

O monumento do Grande Buda, em Puket, na Tailândia, com 45 m de altura e 135 toneladas, é considerado a maior estátua de Buda do mundo.

thaisign/Shutterstock

O budismo é uma das religiões mais antigas do mundo. Começou com Sidarta Gautama, que viveu no século V a.C. Ele era um príncipe indiano que deixou o palácio para conhecer a vida das pessoas que não viviam no luxo e na riqueza.

Sidarta logo percebeu que o povo sofria com as doenças, a velhice e a falta de solidariedade e decidiu não voltar à vida de ilusão que tinha dentro do palácio. Depois de meditar por vários anos, iluminou-se, ou seja, tornou-se Buda. Essa palavra significa "iluminado, desperto". A partir daí começou a percorrer a Índia ensinando as pessoas a combater os sofrimentos.

Aos poucos, formou-se um grupo de budistas que passavam ao povo o que tinham aprendido com Buda, o iluminado. Hoje, existem mais de 400 milhões de budistas no mundo. O budismo é praticado principalmente na Ásia, onde começou. A Tailândia é o maior país budista do mundo. Mais de 30% dos japoneses são budistas. No século XX, o budismo chegou ao Ocidente (Europa, Estados Unidos e outros países, inclusive ao Brasil, onde há mais de 300 mil seguidores).

Os budistas fundaram muitos mosteiros, onde estudam os ensinamentos de Buda e se preparam para divulgá-los entre o povo. Os monges raspam a cabeça e usam vestes compridas para indicar que abandonaram suas ligações com o mundo e devotam sua vida aos ensinamentos de Buda. Na Tailândia, os monges usam vestes cor de laranja. Em Mianmar e no Tibete, suas vestes são marrons. No Japão, pretas.

Sahachatz/Shutterstock

Monges meditando em festival budista na Tailândia, novembro de 2016.

O budismo não tem deus nem deuses. Buda é apenas um mestre iluminado. O objetivo principal do budismo é alcançar o nirvana, quer dizer, a iluminação, a ausência total de sofrimento ou insatisfação. Para isso, é preciso superar muitos obstáculos e meditar. A meditação é necessária para afastar os males e os sofrimentos da vida.

Atividades

1 **Em duplas, respondam às questões e conversem sobre elas com o professor e os colegas.**

Boy_Anupong/Getty Images

Em Mianmar, na Ásia, um país com 80% da população budista, existem centenas de representações de Buda. Aqui, uma criança diante de uma representação de Buda na cidade arqueológica de Bagan, nesse país. Foto de 2016.

- O príncipe Sidarta Gautama vivia na Índia, num palácio, cercado de conforto e mordomias.

  a) Por que o príncipe deixou o palácio e as mordomias?

  ____

  b) O que chamou mais a atenção de Sidarta, ao caminhar pelas ruas?

  ____

  c) Que fez o príncipe para descobrir as razões do sofrimento humano?

  ____

  d) Que fez o príncipe, depois que se tornou iluminado?

  ____

2 **Ainda com um colega, leiam e completem.**

a) Religião fundada pelo príncipe Sidarta Gautama: ______________.

b) Significado da palavra Buda: ______________.

c) Uma das religiões mais antigas do mundo: ______________.

d) Nome de Buda: ______________.

e) Religião que não tem Deus nem deuses: ______________.

f) O maior país budista do mundo: ______________________________.

g) Alcançar o nirvana é seu principal objetivo: ______________________.

3 **Assinale as características peculiares do budismo.**

( ) É praticado em todos os países do mundo.

( ) É uma religião sem deus ou deuses.

( ) Sua principal prática é a meditação.

( ) É uma das religiões mais antigas do mundo.

( ) Mantém muitos mosteiros.

4 **Leia as frases de Buda a seguir. Escolha uma e converse com o professor e os colegas sobre seu significado.**

- A paz vem de dentro de você.
- O que somos é consequência do que pensamos.
- O ódio é a erva daninha da humanidade.
- A vitória sobre si mesmo é a maior de todas as vitórias.
- Guardar raiva é como segurar um carvão em brasa.
- Há uma ferrugem pior do que todas: chama-se ignorância.

5 **Leia a prece budista e escreva uma reflexão sobre ela no quadro.**

> Que todos os seres encontrem a felicidade e as causas da felicidade.
> Que todos os seres se libertem do sofrimento e das causas do sofrimento.
> Que todos os seres encontrem a felicidade livre de sofrimento.
> Que todos os seres vivam em equanimidade, livres de paixões, de agressões e de preconceitos.
>
> Prece budista.

____

____

____

UNIDADE 2

A verdade

4 Viver a verdade
5 O prazer de viver
6 Amar de verdade

A verdade pode ser refletida (sentida) em qualquer pessoa ou lugar, como este espelho partido.

Lauren Elisabeth/Shutterstock

Album/Fine Art Images/Fotoarena/Coleção particular

Um dos valores dos seres humanos é buscar e viver a verdade.
Ceci n'est pas une pomme [Isto não é uma maçã],
1964, do francês René Magritte. (Óleo sobre madeira, 142 cm × 100 cm.)

1. O que é a verdade?
2. René Magritte escreveu em francês acima da maçã: "Isto não é uma maçã". Como você o interpreta?

Capítulo 4

Viver a verdade

Fica decretado que agora vale a verdade, que agora vale a vida e que de mãos dadas trabalharemos todos pela vida verdadeira.

MELLO, Thiago de. Estatutos do homem. In: KRÜGER, Marcos F. ***Thiago de Mello***. São Paulo: Global Editora, 2009.

Maurício de Sousa/Mauricio de Sousa Editora Ltda.

SOUSA, Maurício de. *As sombras da vida*. Disponível em: <https://tinyurl.com/ybujrs2a>. Acesso em: 16 jun. 2017.

A história em quadrinhos acima chama-se *As sombras da vida* e é uma releitura simplificada do mito da caverna do filósofo Platão (428 a.C.-348 a.C.).

Segundo o mito, alguns homens aprisionados passaram a vida em uma caverna acreditando que as sombras que viam na parede eram tudo o que existia. Até que um dia um deles conseguiu se libertar e, fora da caverna, conheceu outra realidade.

Neste capítulo, buscamos entender o que é a verdade, examinando vivências, experiências e crenças.

O que é a verdade?

Thiago de Mello inicia seu poema *Estatutos do homem* decretando a hora da verdade e da vida. Realmente, as duas caminham de mãos dadas. Mas o que é a verdade? O Evangelho de João (18,37-38) nos conta que, antes de ser crucificado, Jesus teve um diálogo tenso com Pôncio Pilatos, representante dos romanos na Judeia. A certa altura da discussão, Pilatos perguntou:

André Valle/Arquivo da editora

Jesus não respondeu à última pergunta de Pilatos. Por quê? Talvez porque Pilatos não estivesse realmente interessado em conhecer a verdade.

Para os cristãos, a verdade é o próprio Jesus, conhecê-lo é, pois, conhecer a verdade.

> Eu sou o caminho, **a verdade** e a vida.
>
> João 14,6. *Bíblia Sagrada*. 8. ed. Tradução da CNBB. Brasília: Edições CNBB; São Paulo: Editora Canção Nova, [s.d.]. p. 1330.

Macrovector/Shutterstock

Muitas vezes a verdade é o caminho encontrado para vivermos realizados, de uma forma plena e feliz, já que a verdade em que acreditamos determina nossos valores na vida.

Sincero

Sincero! Eis uma bela palavra que deve figurar no vocabulário de toda pessoa de bem.

Quem a teria inventado?

Ora, foram os romanos. Sincero vem do velho, do velhíssimo latim.

Eis a poética e tranquila viagem que fez o sincero para vir de Roma até a letra *s* dos nossos bons dicionários.

Os romanos fabricavam certos vasos de uma cera especial. Essa cera era às vezes tão pura e perfeita que os vasos se tornavam transparentes. Em alguns casos, chegava-se a distinguir um objeto (um colar, uma pulseira ou um dado) que estivesse colocado no interior do vaso.

Para o vaso, assim fino e límpido, dizia o romano vaidoso:

— Como é lindo! Parece até que não tem cera! É um vaso *sine cera*!

Sine cera queria dizer "sem cera"!

Sine cera era, pois, uma qualidade de vaso perfeito, finíssimo, delicado, que deixava ver através de suas paredes.

Da antiga cerâmica romana, o vocábulo sincero passou a ter uma significação muito mais elevada. Sincero é aquele que é franco, leal, verdadeiro; que não oculta; que não usa disfarce, malícia ou dissimulação. O sincero, à semelhança do vaso romano, deixa ver, através de suas palavras, os nobres sentimentos de seu coração.

TAHAN, Malba. *Lendas do céu e da terra*. Rio de Janeiro: Record, 1999. p. 98.

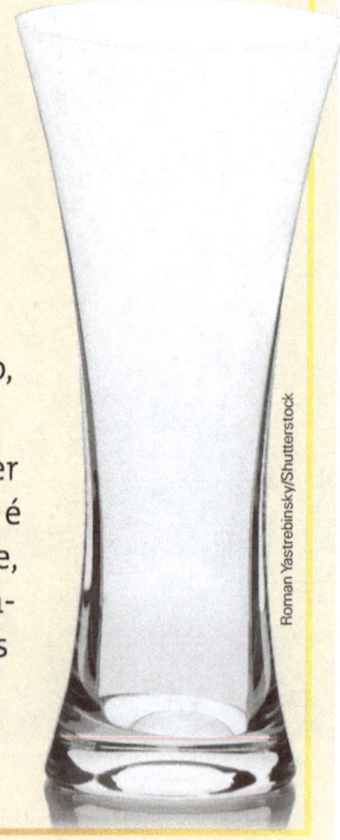

A mentira

A mentira costuma causar dor e frustração e está normalmente associada às más intenções, ao ato de enganar, pois o mentiroso sabe que mente, é um ato deliberado e consciente de esconder a verdade por alguma compensação.

Ninguém gosta de admitir esta dura verdade: todos mentem. Seja para agradar a alguém, escapulir de uma encrenca, ser o herói de alguma aventura nunca vivida, levar vantagem na vida. Com suas pernas curtas, a mentira caminha no passo do homem desde que o mundo é mundo e não dá o menor sinal de perder o fôlego, muito pelo contrário. Todos temos um pouco ou muito de Pinóquio. Há milhares de anos, como se estivesse conformado com o fato de que viver sem pregar uma mentirinha é tão impossível como viver sem respirar, o filósofo chinês Confúcio (551 a.C.-479 a.C.) recomendava que se apelasse para esse antiquíssimo recurso apenas quando a verdade prejudicasse uma família ou a nação. [...]

Aristóteles (384 a.C.-322 a.C.), o pensador grego, só aceitava duas maneiras de mentir: diminuindo ou aumentando uma verdade. O teólogo Santo Agostinho, no século IV, resolveu complicar o assunto descrevendo seis tipos diferentes de mentira: a que prejudica alguém, mas é útil a outro; a que prejudica sem beneficiar ninguém; a que se comete pelo prazer de mentir; a que se conta para divertir alguém; a que leva ao erro religioso; e, finalmente, a que ele considerava a "boa" mentira, que salva a vida de uma pessoa.

TUDO mentira. *Superinteressante*. Disponível em: <http://super.abril.com.br/comportamento/tudo-mentira/>. Acesso em: 19 mar. 2017.

André Valle/Arquivo da editora

Pinóquio era um boneco de madeira, cujo nariz crescia cada vez que contava uma mentira. A fábula completa está em *Aventuras de Pinóquio*, do escritor italiano Carlo Collodi.

Mas não se mente só com a palavra. Mente-se também com a própria maneira de viver. O vaidoso e o racista, por exemplo, são mentirosos, porque tentam nos convencer de que são superiores aos outros. A mentira também pode destruir a base do relacionamento humano. Como pais e filhos vão se comunicar se uns não confiam nos outros? Como professores e alunos vão crescer juntos se desconfiam uns dos outros? Como os habitantes de uma sociedade vão viver juntos se é comum mentirem uns para os outros para obter vantagens?

Só teremos uma sociedade harmoniosa quando houver o cultivo da verdade em todos os lares, quando todos protestarem contra as promessas e propagandas mentirosas, quando, enfim, como diz Thiago de Mello, "um homem confiar em outro homem, como um menino confia em outro menino".

Mentir bem é uma questão de prática

A conclusão do trabalho, publicado na revista científica *Nature Neuroscience*, é que mentiras em série provocam uma redução da resposta emocional no cérebro.

O fator bioquímico é tão forte que os cientistas poderiam prever com precisão o quão grande é uma mentira que alguém está prestes a contar só de olhar para exames cerebrais feitos ao contar mentiras anteriores.

[...]

"Este estudo é a primeira evidência empírica de que o comportamento desonesto aumenta quando é repetido", diz o principal autor do estudo, Neil Garret, da Universidade College London.

[...]

MENTIR bem é uma questão de prática, afirma novo estudo. *Folha de S.Paulo*, São Paulo, 25 out. 2016. Disponível em: <https://tinyurl.com/y89zn4mb>. Acesso em: 16 jun. 2017.

À procura da verdade

Do nascimento até a morte, vivemos inumeráveis situações permeadas tanto de verdades quanto de mentiras. Às vezes elas estão separadas, outras vezes estão juntas, como o trigo e o **joio**.

Joio: erva daninha que costuma ser frequente nas plantações de trigo. Em termos figurados, significa algo ruim que surge em meio ao que é bom e o corrompe.

Algumas vezes a mentira é dita ou imposta por ignorância; outras, é premeditada, produto da maldade. Ela pode estar nos pequenos gestos do cotidiano ou nas grandes decisões da vida. É preocupante que a mentira tenda a virar um padrão de comportamento e a ofuscar nosso discernimento.

Pense por si mesmo

A mentira também pode ser uma ilusão. Seguir, por exemplo, determinada direção sem pensar se é realmente o que queremos. Muita gente vive como carneiros seguindo o rebanho. Os meios de comunicação são capazes de transformar as pessoas em carneiros dóceis. De repente, todo mundo passa a consumir uma espécie de música, por exemplo.

A moda em si não é condenável. Mas não podemos nos tornar seus escravos, obedecendo a ordens e determinações que não procedem de pessoas interessadas em nossa realização, em nossa felicidade.

Avalie seus atos e suas escolhas. A ignorância permite que se perca o caminho da verdade.

Fernando Gonsales/Acervo do cartunista

Para ler e pensar

A Verdade, a Mentira, o Fogo e a Água

ronnybas/Shutterstock

Há muito tempo, a Verdade, a Mentira, o Fogo e a Água estavam viajando e encontraram um rebanho de gado. Discutiram o assunto e chegaram à conclusão de que seria melhor dividir o rebanho em quatro partes iguais para que cada um pudesse levar consigo uma quantidade igual de animais.

Mas a Mentira era gananciosa e arquitetou um plano para ficar com uma parte maior.

— Ouça o meu conselho — sussurrou ela, puxando a Água para um canto. — O Fogo está planejando queimar toda a relva e as árvores das suas margens para conduzir seu gado pelas planícies e ficar com os animais para si. Se eu fosse você, acabaria com ele logo agora, e assim repartiríamos a parte dele entre nós.

A Água foi tola o suficiente para acatar o conselho da Mentira e lançou-se sobre o Fogo, apagando-o.

E a Mentira dirigiu-se em seguida para a Verdade, sussurrando-lhe:

— Veja só o que fez a Água! Acabou com o Fogo para ficar com o gado dele. Não deveríamos associar-nos a alguém assim. Deveríamos pegar todo o gado e partir para as montanhas.

A Verdade acreditou nas palavras da Mentira e concordou com seu plano. E, juntas, levaram o gado para as montanhas.

— Esperem por mim — disse a Água, correndo no seu encalço, mas é claro que não conseguiu correr morro acima. E foi deixada para trás, no vale.

Ao chegarem no topo da montanha mais alta, a Mentira virou-se para a Verdade e pôs-se a rir.

— Consegui enganá-la, sua idiota! — disse ela, soltando uma risada estridente. — Agora você vai me dar todo o gado e será minha escrava, ou eu a destruirei.

— Ora, essa! Você me enganou — admitiu a Verdade. — Mas eu jamais serei sua escrava.

E as duas brigaram; e enquanto se batiam, os trovões ecoavam pelas montanhas. As duas se agrediram como o quê, mas nenhuma conseguiu destruir a outra.

Acabaram decidindo chamar o Vento para dizer quem seria a vencedora da disputa. E o Vento subiu a montanha a toda velocidade, e escutou o que ambas tinham a dizer. E por fim, falou:

Potapov Alexander/Shutterstock

Biry Sarkis/Arquivo da editora

— Não me cabe apontar a vencedora. A Verdade e a Mentira estão fadadas à disputa. Às vezes, a Verdade ganhará; outras vezes, a Mentira prevalecerá; neste caso, a Verdade deverá se erguer e tornar a lutar. Até o fim do mundo, a Verdade deverá combater a Mentira e jamais buscar o descanso ou baixar a guarda; caso contrário, será aniquilada para sempre.

Assim é que a Verdade e a Mentira continuam lutando até hoje.

BENNETT, W. J. *O livro das virtudes*.
Rio de Janeiro: Nova Fronteira, 1996. p. 415-416.

Atividades

Vamos refletir?

1 Há muitas formas de buscar a verdade. Leia os itens abaixo e faça o que se pede.

a) Assinale os itens que dialogam com a concepção de verdade e justifique por escrito suas escolhas.

( ) estudo
( ) boatos
( ) pesquisa
( ) reflexão
( ) imposição
( ) vaidade
( ) provocação
( ) desconhecimento
( ) observação
( ) debate

____

____

b) De que formas você busca a verdade?

____

____

2 **Observe a ilustração e leia o texto a seguir. Depois, faça a relação entre os dois e escreva abaixo o modo como você costuma agir.**

Não temas a verdade

Por mais dura que te pareça,
por mais que te fira,
é autêntica.
Nasceste para ela.
Se fores a seu encontro,
se dialogares com ela,
se a amares,
ninguém mais amiga,
e mais irmã...

CÂMARA, Dom Hélder. *O deserto é fértil*. Rio de Janeiro: Civilização Brasileira, 1975. p. 40.

Elijah Stanfield/Acervo do cartunista

STANFIELD, Elijah. Disponível em: <https://tinyurl.com/y73jaycb/>. Acesso em: 16 jun. 2017.

____

____

____

____

3 Em 2016, o termo “pós-verdade” foi escolhido como a palavra do ano pelo ***Dicionário Oxford*** e definido como: “circunstâncias em que os fatos objetivos têm menos influência sobre a opinião pública do que os apelos à emoção e a crenças pessoais”. Faça uma pesquisa sobre o tema e escreva um exemplo de pós-verdade.

____

____

____

____

____

Pensando juntos

4 Em duplas, leiam, comentem e depois escrevam sua conclusão.

É fácil dizer o que o outro deseja ouvir...

O difícil é dizer a verdade quando for preciso.

É fácil mentir quando tentamos camuflar algo...

O difícil é mentir para o nosso coração!

É fácil ouvir a música que toca...

O difícil é ouvir a consciência

mostrando nossas escolhas erradas.

Autor desconhecido.

Alexandre Beck/ Acervo do cartunista

BECK, Alexandre. *Armandinho dois*. Florianópolis: A. C. Beck, 2014. p. 15.

____

____

Trocando ideias

5 Considerando o que você aprendeu no capítulo e a leitura do texto abaixo, troque ideias com o professor e os colegas. Depois, responda ao que se pede na página seguinte.

Uma senhora estava confortavelmente sentada no seu ônibus a caminho de casa, depois de um intenso dia de trabalho. O coletivo já estava repleto quando ela viu subir um homem, também de certa idade, que era certamente trabalhador, voltando cansado para casa. Podia ver isso nas linhas do seu rosto, quando ele parou ao lado do banco que ela ocupava... Era preciso pensar rápido... Se ela oferecesse o seu lugar, ele certamente recusaria por delicadeza e boa educação. Esperou que o ônibus parasse no próximo ponto. Levantou-se, tocou no braço do operário e lhe disse:

— Pode tomar o meu lugar; esta é a minha parada.

O bom homem sorriu, agradeceu e nunca ficará sabendo que ela ainda tinha umas três paradas mais para esperar...

[...]

LIMA, Héber Salvador de. *Estórias pequenas com grandes recados.* 2. ed. São Paulo: Edições Loyola, 1995. p. 24.

a) Como você interpreta a atitude dessa senhora?

b) Você concorda que se pode mentir para não magoar ou para proteger alguém? Exemplifique.

c) De que formas você percebe os meios de comunicação tentando nos transmitir mentiras maquiadas de verdades?

d) Em sua opinião, as pessoas costumam "morder a isca" das propagandas? Como você age diante da publicidade?

Capítulo 5

O prazer de viver

Viver e não ter a vergonha de ser feliz
Cantar, e cantar, e cantar
A beleza de ser um eterno aprendiz

GONZAGUINHA. O que é, o que é?. In: ______. **Caminhos do coração**. [S.l.]: Emi-Odeon Brasil, 1982. 1 CD. Faixa 1.

Hero Images/Getty Images

Pai brinca de bambolê com a filha em um parque de Calgary, Canadá. Foto de 2015.

O que queremos? E como desfrutar a vida que queremos? O que podemos buscar como meta e sentido da existência? Uma das respostas é a busca pelo prazer.

Neste capítulo, veremos como pessoas de diferentes áreas do conhecimento – da arte, da filosofia e da psicanálise, por exemplo – encaram a vida e as formas de prazer que ela proporciona. Além disso, vamos perceber como o prazer pode virar um vício e transformar algo positivo em uma experiência dolorosa.

A vida é a batida de um coração

Luiz Gonzaga do Nascimento Júnior (1945-1991), conhecido como Gonzaguinha, filho de Luiz Gonzaga, o Rei do Baião, foi cantor e compositor. Podemos ver uma de suas letras a seguir, em que faz várias perguntas sobre a vida.

O que é, o que é?

[...]
Viver e não ter a vergonha de ser feliz
Cantar, e cantar, e cantar
A beleza de ser um eterno aprendiz
Ai meu Deus, eu sei (eu sei)
Que a vida devia ser bem melhor
E será, mas isso não impede que eu repita
É bonita, é bonita, e é bonita
E a vida, e a vida o que é diga lá meu irmão
Ela é a batida de um coração
Ela é uma doce ilusão, ê ô
E a vida, ela é maravilha ou é sofrimento
Ela é alegria ou lamento
O que é, o que é, meu irmão
Há quem fale que a vida da gente
É um nada no mundo
É uma gota, é um tempo que nem dá um segundo
Há quem fale que é um divino mistério profundo
É o sopro do criador numa atitude repleta de amor
[...]

Milton R. Alves/Arquivo da editora

GONZAGUINHA. O que é, o que é?. In: ______. *Caminhos do coração*. [S.l.]: Emi-Odeon Brasil, 1982. 1 CD. Faixa 1.

Busca dos prazeres

Poucas coisas interessam tanto a nós quanto os prazeres. Ninguém vive sem prazer e ele muitas vezes rege a nossa vida. Por isso, essa busca por ele é uma faca de dois gumes: tanto pode ajudar como impedir nossa realização pessoal. A importância dos prazeres é tão grande que estes são sempre objeto de estudos por parte de filósofos, teólogos, pedagogos, psicólogos e outros cientistas do comportamento humano.

Frugalidade: qualidade de quem ou do que é frugal (moderado na alimentação).

Hedonista: partidário do hedonismo, doutrina que faz do prazer o objetivo principal da vida.

Sibarita: quem vive entregue aos prazeres, como os habitantes de Síbaris, antiga cidade grega.

Tarker/Bridgeman Images/Easypix Brasil/Museu Metropolitano de Arte, Nova York, EUA.

Busto em mármore do filósofo Epicuro (321 a.C.-270 a.C.).

Hulton-Deutsch Collection/Corbis/Getty Images

O pai da psicanálise, Sigmund Freud (1856-1939).

Na Grécia antiga, o filósofo Epicuro (321 a.C.-270 a.C.) ensinava que a finalidade da vida é a busca dos prazeres. Segundo ele, a felicidade está na correta e sábia fruição dos prazeres. De fato, Epicuro era um exemplo de **frugalidade**. Dizia que para ser feliz era preciso bem pouca coisa: água, pão e algumas hortaliças.

Sigmund Freud (1856-1939), o médico austríaco que fundou a psicanálise, revolucionando o estudo da mente humana, ensinava que o prazer é o princípio fundamental da vida. Na privação ou frustração dos prazeres está a origem das neuroses e angústias.

As pessoas podem ser classificadas em vários grupos, de acordo com a fruição dos prazeres, como abaixo.

- **Hedonistas (ou sibaritas)**: são os que vivem para ter o maior prazer em tudo de maneira imediata. Pessoas que não se privam dos prazeres, mesmo sabendo que mais tarde podem sofrer pelo excesso, pela falta de planejamento do futuro.
- **Os que se privam de qualquer prazer**: há pessoas que fogem de quaisquer prazeres, mesmo os legítimos e saudáveis.
- **Moderados**: aqueles que sabem usufruir os bons prazeres e evitar os maus.

Temos de aprender a administrar os prazeres com sabedoria. Além dos prazeres, precisamos ser bem-aceitos e amados pelos outros, precisamos desenvolver nossas qualidades pessoais, precisamos conviver, ser felizes.

Os vícios

Os vícios geralmente são comportamentos repetitivos que a princípio são prazerosos, mas que, com o passar do tempo, tornam-se uma válvula de escape para angústias; o prazer é seguido por uma sensação de dor e falta de controle. Podemos ser viciados em comida, bebida, substâncias tóxicas, até em exercícios físicos, entre outras coisas. Muitos elementos sociais e pessoais podem levar alguém ao vício. O problema do vício é que ele muda a maneira como o cérebro se relaciona com o elemento viciante.

Mas os vícios podem ser curados. É importante que se admita o problema e que se procure ajuda, análise, conforto espiritual; conversas com amigos, estudar sobre o problema, são maneiras de lidar com esse prazer corrompido pela angústia. Mudanças são possíveis e devem ser sempre estimuladas. O prazer da vida nunca deve vir acompanhado de culpa e dor.

Para ser feliz

Não há quem não queira ser feliz. Ninguém escapa desse desejo que nos acompanha do nascimento à morte. Por isso, quando alguém nasce ou faz aniversário, seus parentes e amigos lhe desejam felicidade! Queremos a felicidade, mas sabemos que às vezes é difícil saber como alcançá-la. Cada pessoa trilha uma história diferente e a felicidade pode vir de diversas fontes.

No entanto, sabemos que a História é a mestra da vida. De fato, a história da humanidade, em seus seis milênios, nos ensina que um dos caminhos para a realização humana é o amor. Nele há prazeres, renúncia, sofrimento, alegria, luta e esperança. O prazer e a felicidade estão nas pequenas coisas, compartilhando momentos com os amigos, sorrindo, preparando uma refeição gostosa.

Syda Productions/Shutterstock

Reunir os amigos, desfrutar uma refeição gostosa em um ambiente cercado de natureza, risadas e afetos são uma fonte de prazer e felicidade.

Vamos relembrar os conselhos do poeta Gonzaguinha: "não ter a vergonha de ser feliz [...] e cantar a beleza de ser um eterno aprendiz". Por mais que saibamos da história, das civilizações, das filosofias, somos sempre aprendizes da arte de viver.

Vida

Vida é luz da manhã, é o cheiro
do verde hortelã.

Vida é a chuva que cai, é um
sonho bonito de paz.

Vida é o jardim que enfeita, é
um gesto de amor.

Vida é um olhar da criança, é a
fé e esperança, a saudade de
alguém.

Vida é um céu colorido, é um
pão partido, é a força do bem.

Vida é a ternura no olhar do
irmão, é um riacho que vai, o
sorriso amigo de um pai.

Vida é a cantiga do coração, é a
água da fonte, é um lindo
horizonte.

Vida é um abraço apertado, um
amigo esperado que nos deixa
feliz.

TEUROLLER, Nair. *Mundo jovem*. Porto Alegre:
Ed. da PUC-RS. Ano XLII, n. 344, mar. 2004. p. 24.

Biry Sarkis/Arquivo da editora

Atividades

Vamos refletir?

1. Explique o que significa o provérbio: "Deus perdoa sempre; os homens, às vezes; a natureza, nunca".

____

____

____

2. Na agitação do dia a dia, quase não temos tempo para apreciar as coisas simples da vida. Assinale os pequenos prazeres que você aprecia e acrescente outros de sua preferência.

( ) Tomar banho de chuva.
( ) Colher frutas maduras.
( ) Ouvir a frase "eu te amo".
( ) Estar apaixonado(a).
( ) Encontrar uma meia perdida.
( ) Chorar de tanto rir.
( ) Curtir um dia de folga.
( ) Abrir um presente.
( ) Rir-se de si mesmo.
( ) Cantar no chuveiro.
( ) ____
( ) ____

3. Em qual classificação você se enquadra em relação à fruição de prazeres?

( ) hedonistas ( ) os que se privam ( ) moderados

- Por quê?

____

____

Pensando juntos

4. Em grupos, conversem e reflitam sobre a influência de um vício na vida de uma pessoa. Depois escrevam abaixo um resumo de suas conclusões.

____

____

____

____

Trocando ideias

5 Leia, comente com a turma e depois faça o que se pede.

- Um comprimido efervescente colocado ao lado de um copo com água nada faz.
- O comprimido colocado na água, porém dentro da embalagem, pouco faz.
- Mas, se esse comprimido for colocado na água sem a embalagem, o que acontecerá?

____

____

a) Pense nessa imagem como se os comprimidos fossem as pessoas diante da vida (os copos de água). O que se pode concluir sobre as três situações?

- Primeiro copo: ____

____

____

- Segundo copo: ____

____

____

- Terceiro copo: ____

____

____

b) Existem pessoas realmente incríveis, que dedicam suas vidas à transformação do mundo em algo melhor. Você conhece alguém assim? Comente.

____

____

____

Capítulo 6

Amar de verdade

Na medida em que o amor cresce em ti, cresce também tua beleza, porque o amor é a beleza da alma.

SANTO AGOSTINHO. In: HARTMANN, Jorge E.; NUNES, Lurdinha. ***O rosto do Pai***. 2. ed. São Paulo: Editora Canção Nova; São Paulo: Edições Loyola, 1999. p. 76.

Pushish Images/Shutterstock

O amor é demonstrado de muitas formas.

Ninguém consegue ser feliz se não aprendeu a amar, mesmo que seja milionário, famoso e desfrute de todos os prazeres da vida. O amor é essencial. Amar e ser amado são o segredo da vida.

Infelizmente, a humanidade ainda não aprendeu a amar. Caso contrário, não haveria tanta briga, roubo, assassinato, guerra.

Neste capítulo, a discussão é sobre o amor e a falta que ele faz nos relacionamentos humanos. Também vamos descobrir que esse sentimento nobre pode, às vezes, ser confundido com egoísmo.

Os três níveis de amor

O amor é um sentimento complexo, que foge muitas vezes à lógica da vida do dia a dia, principalmente em nossa sociedade centrada no ter, na ostentação e na competitividade. Por isso, talvez seja difícil nos dias de hoje admitir que amamos e que queremos ser amados também.

BECK, Alexandre. *Armandinho três*. Florianópolis: A. C. Beck, 2014. p. 46.

Assim como o dinheiro e o ouro, o amor também pode ser confundido com um falso amor. Muitos, por exemplo, pensam estar amando quando na verdade estão alimentando uma ilusão egoísta.

Nossa realização pessoal e nossa felicidade dependem da prática do amor. Por isso, precisamos ter uma ideia clara sobre ele. Precisamos distinguir amor de egoísmo. **Egoísmo** vem de *ego* (em latim, "eu"). Normalmente, chamamos de egoísta aquele que só pensa em si, que quer tudo para si, que não se preocupa com os outros.

Embora complexo, o amor se resume em a pessoa procurar o bem para si e para os outros. Podemos distinguir, a seguir, três tipos de amor, considerados com base em uma perspectiva histórica e social.

Amor-paixão

Chama-se amor-paixão o amor romântico ou idealizado que se sente por outra pessoa. O apaixonado deseja ardente e loucamente a pessoa amada. Ele sofre com a ausência dela. Sofre mais ainda quando ela é ou parece indiferente. O apaixonado sofre. Aliás, um dos significados de paixão é "sofrimento". O amor-paixão foi imortalizado na lenda medieval *Tristão e Isolda* e no drama shakespeariano *Romeu e Julieta*. No caso dos dois casais, o amor de um pelo outro leva à morte.

Entre os gregos, há o deus Eros, representado por um menino alado e munido de arco e flechas. Quem fosse flechado ficava apaixonado. De Eros provêm os termos erótico e erotismo. Entre os romanos, Eros tomou o nome de Cupido.

Os apaixonados só veem a si mesmos. Não têm olhos para mais ninguém. Por isso se diz que o amor (amor-paixão) é cego. O pensador espanhol Ortega y Gasset concorda com o povo ao definir a paixão como um "estreitamento mental". É difícil encontrar uma pessoa que não tenha sido tocada pela flecha do Cupido. Quase todos os casais começaram um relacionamento pelo amor-paixão. É um amor romântico, maravilhoso, lindo. Mas será que ele é garantia de que os dois serão felizes para sempre, como nos contos de fadas?

Ronaldo Gutierrez/Zé Henrique de Paula/Núcleo Experimental de Teatro

Cena da peça *Romeu e Julieta*, na versão do grupo teatral Núcleo Experimental, que a apresentou no início de 2017.

Na realidade, a paixão é ilusória e efêmera. Ilusória porque a pessoa amada é idealizada, não se apresenta como de fato é; efêmera porque logo um descobre as imperfeições do outro. Não há ilusão que resista ao tempo.

Quem não conhece as características da paixão (e muitos de fato as ignoram) corre o risco de casar com um personagem de conto de fadas em lugar de uma pessoa de carne e osso, com qualidades e defeitos como todos os humanos.

Além disso, o amor-paixão tem pouco do verdadeiro amor. O apaixonado no fundo só pensa em si, só quer o amado para ser feliz para sempre. Ele não pensa, não quer saber se a pessoa amada seria mais feliz com outra pessoa.

Não se trata de condenar o amor-paixão. Ele faz parte da natureza humana. Talvez seja mais significativo para o futuro casal do que imaginamos.

Na mitologia grega, Cupido é o deus que representa todas as facetas da paixão e do amor. *Cupido*, 1817, escultura em mármore dos artistas franceses Antoine Denis Chaudet e Pierre Cartellier.

Bridgeman Images/Easypix Brasil/Museu do Louvre, Paris, França

Amor-amizade

Não há quem não precise de amigos. A amizade é uma necessidade vital. Crianças, jovens, adultos e idosos, todos sentimos falta de amigos. Jesus tinha amigos. De vez em quando, ele ia conversar com os irmãos Lázaro, Maria e Marta.

Rido/Shutterstock

O amor entre amigos enriquece nossas vidas, permite que compartilhemos experiências e apoio.

Os amigos se comunicam, se divertem, trocam experiências, se ajudam, se nutrem mutuamente. Em geral, as relações de amizade baseiam-se em afinidades. Escolhemos para amigos aqueles que combinam conosco, que curtem os mesmos esportes, as mesmas festas, os mesmos divertimentos, os mesmos valores. No entanto, sempre existem as exceções, aqueles amigos que são completamente diferentes de nós, o que torna a nossa vida ainda mais rica.

Entre casais, o amor-amizade é a garantia de uma convivência feliz, principalmente quando o amor-paixão enfraquece. Este não sustenta um casamento; aquele sim.

O amor-amizade é muito mais amplo e rico que o amor-paixão. Mas ainda é um amor centrado em interesses. Amo meus filhos mais que aos filhos dos outros, porque eles são meus. Ajudo meus amigos mais do que aos outros, porque meus amigos também me ajudam. Sou amigo de minha esposa, porque assim vivemos melhor e mais felizes. Enfim, faltam ao amor-amizade a gratuidade, o desinteresse, o desapego do amor-caridade. Este é sem dúvida o grau mais elevado do amor.

Amor-caridade

Alguns pensam que caridade é dar esmolas. Na verdade, essa palavra tem sido deturpada pela prática de um falso cristianismo. Caridade é o amor que nos vem de Deus. João diz que Deus é amor, Deus é caridade.

A caridade começa pelo amor a si mesmo. Jesus nos diz para amar o próximo como a nós mesmos. É legítimo, pois, o amor a si mesmo.

Como amar os outros se não amamos a nós mesmos?

O amor ao próximo chama-se amor fraterno. Fraterno vem de *frater* (em latim, "irmão"). O amor fraterno considera todos os seres humanos como irmãos. Ele é o fundamento de qualquer convivência humana. A ausência dele causa infidelidade, injustiça, exploração, miséria, menores abandonados, mendigos, roubos, assaltos, guerras e outras desgraças.

O amor-caridade parte do eu, assim como o amor-paixão e o amor-amizade. Mas vai além, sublimemente além. O próximo, a quem Jesus nos manda amar como a nós mesmos, é também aquele com quem não simpatizamos, aquele que nem conhecemos, aquele que nos é indiferente, aquele que não nos ama, até aquele que é nosso inimigo.

Jesus não só nos manda amar o próximo como a nós mesmos. Ele foi além, muito além, como nos conta João no seu evangelho (abaixo).

> Como eu vos amei, assim também vós deveis amar-vos uns aos outros.
>
> João 13,34. *Bíblia Sagrada*. 8. ed. Tradução da CNBB. Brasília: Edições CNBB; São Paulo: Editora Canção Nova, [s.d.]. p. 1330.

Veja no quadro a seguir como o apóstolo Paulo define a caridade em uma passagem da 1ª Carta aos Coríntios.

O que é a caridade?

O amor [caridade] é paciente, é benfazejo; não é invejoso, não é presunçoso nem se incha de orgulho; não faz nada de vergonhoso, não é interesseiro, não se encoleriza, não leva em conta o mal sofrido; não se alegra com a injustiça, mas fica alegre com a verdade. Ele desculpa tudo, crê tudo, espera tudo, suporta tudo.

1 Coríntios 13,4-7. *Bíblia Sagrada*. 8. ed. Tradução da CNBB. Brasília: Edições CNBB; São Paulo: Editora Canção Nova, [s.d.]. p. 1411.

Cristiane Campos/Acervo da artista

São Francisco, exemplo de amor e caridade. *São Francisco*, 2017, na visão da artista brasileira Cristiane Campos. (Acrílica sobre tela, 61 cm x 63 cm.)

Para ler e pensar

O amorável pequinês

Falei aqui outro dia de passagem sobre a difícil arte de ser vizinho. Uns tantos leitores me interpelam. Primeiro, é arte? Se é, que arte é essa? Claro que é arte. De maneira genérica, ou sucinta, tudo é arte. Desculpem, se pareço ou se estou sentencioso. Viver é uma arte. Como toda arte, difícil. Mais difícil, porque mais refinada, é a arte conexa de conviver. E aqui já tocamos na questão da contiguidade.

É daí, da proximidade, que nascem os atritos. Ninguém se atrita com quem está longe. Qualquer um de nós, por mais **abespinhado** que seja, se dá às mil maravilhas com um cidadão que habita Pequim. Esse pequinês também é nosso próximo. Amá-lo, até amá-lo, se tira de letra. Não lhe vemos o rosto, nem lhe ouvimos o espirro ou a tosse. Nada sabemos de seus cacoetes e de seus maus hábitos.

Abespinhado: irritado, furioso.

[...]

A coisa toda muda quando as distâncias se anulam. Quanto mais próxima, mais complexa a relação. Compartilhar uma casa pode ser um tormento. Uma cama, então, nem se fala. Chega a ser uma guerra, a mais encarniçada. É a guerra conjugal, cujo teatro de operações aparece na ficção do **Dalton Trevisan**.

[...]

Não é difícil, por exemplo, sentir piedade por uma multidão de 100 mil flagelados na Índia. Já não é tão fácil a misericórdia para com o mendigo malcheiroso que na esquina nos estende a mão. Este comete a imprudência de ser nosso vizinho. Não guarda a sábia distância dos flagelados hindus. Vistos numa rápida notícia da televisão, os bons indianos somem num **átimo** sem nos tirar o conforto da nossa poltrona. Deus nos manda amar os nossos inimigos e os nossos próximos. Provavelmente porque são os mesmos, diz **Chesterton**. Tem graça, porque tem razão.

RESENDE, Otto Lara. *Bom dia para nascer:* crônicas publicadas na *Folha de S.Paulo*. São Paulo: Companhia das Letras, 2011. p. 102-103.

Kazunori Nagashima/Getty Images

Empatia é uma qualidade importante para a boa convivência entre vizinhos.

Dalton Trevisan: contista brasileiro, nascido em 1925.

Átimo: instante, momento.

Chesterton: refere-se a Gilbert K. Chesterton (1874-1936), escritor inglês.

Atividades

Vamos refletir?

1 Todos nós em algum momento podemos tomar atitudes egoístas ou ser vítimas delas, confundindo-as com sinais de amor.

- Assinale as atitudes que, em sua opinião, se relacionam com a frase acima.

( ) controle
( ) agressão
( ) ciúme
( ) respeito
( ) caridade
( ) humilhação
( ) possessividade
( ) carinho

2 Leia a tirinha abaixo e responda ao que se pede.

GOMES, Clara. *Bichinhos de jardim:* concordância. Disponível em: <https://tinyurl.com/y9szdoel>. Acesso em: 26 maio 2017.

- Com quem você concorda? Por quê?

____

____

____

3 **Você é capaz de distinguir qual o nível de amor de cada trecho citado abaixo? Leia com atenção e responda.**

Carinhoso

Meu coração, não sei por quê,
Bate feliz quando te vê.
E os meus olhos ficam sorrindo
E pelas ruas vão te seguindo
Mas mesmo assim foges de mim.
[...]

João de Barro e Pixinguinha.

Meus amigos quando me dão a mão
Sempre deixam outra coisa:
Presença, olhar, lembrança, calor.
[...]

Paulo Leminski.

A função do amor e da compaixão

[...]

Mas um senso de compaixão verdadeiro é o que nos leva a ver o outro como tendo exatamente o mesmo direito que eu à felicidade. A compaixão que se assenta no apego não se sustenta. A que se baseia na compreensão da igualdade de todos os seres é desprovida de apego, e é verdadeira. [...]

Dalai Lama.

---

4 **Releia *O amorável pequinês*, na seção *Para ler e pensar*, e assinale a frase que melhor resume o texto.**

( ) Não faças aos outros o que não queres que te façam.

Confúcio.

( ) Tens de amar os outros como são; não encontras ninguém sem defeitos.

Phil Bosmans.

( ) Amar o próximo é fácil, quando o próximo não está muito próximo.

Millôr Fernandes.

( ) Amarás o teu próximo como a ti mesmo.

Levítico 19,18.

Pensando juntos

5 **Em duplas, leiam e façam o que se pede.**

Ninguém ama alguém que não conhece.

Amamos as pessoas à medida que as conhecemos.

a) Seguindo a ordem da lista de chamada, conversem sobre:

- Seus nomes completos.
- Suas famílias.
- Onde moram.
- O que gostam de fazer.
- O que os deixa chateados.
- O que pensam sobre amizade.

b) Baseados nessa conversa, escrevam, individualmente, um pequeno texto-surpresa sobre o colega com quem conversou.

____

____

____

____

____

Trocando ideias

6 **Leia o texto, converse sobre ele com o professor e os colegas e depois faça o que se pede.**

Um casal estava prestes a separar-se. Já dormiam até em camas separadas, mas resolveram procurar a ajuda de um sábio.

Este lhes deu uma plantinha e disse que a plantassem no jardim. Se a plantinha vingasse, o casamento estaria salvo.

Havia, porém, uma grande seca na região. E, temendo que a plantinha viesse a morrer, a esposa levantou-se de madrugada para regá-la. Saiu em silêncio para que seu marido não a visse.

Mas, para sua surpresa, chegando ao jardim, encontrou lá seu marido, molhando a planta...

BITTENCOURT, José Eduardo; SOUZA, Sérgio Jeremias de. *Como fazer dinâmicas:* para catequese, homilias, encontros e palestras. 21. ed. São Paulo: Ave-Maria, 2013.

a) Imagine e escreva como terminou essa história.

b) Que conclusões você pode tirar dela?

Momento de oração

7 **Leia a oração para Oxum, orixá da fertilidade, do amor e da prosperidade.**

Salve Oxum, dourada senhora da pele de ouro, benditas são tuas águas que lavam meu ser e me livram do mal. Oxum, divina rainha, bela orixá, venha a mim, caminhando na lua cheia, trazendo em suas mãos os lírios do amor de paz. Torna-me doce, suave e sedutor como tu és.

Oh! mamãe Oxum, proteja-me, faça que o amor seja constante em minha vida, e que eu possa amar toda a criação de Olorum. Proteja-me de todas as mandingas e feitiçarias. Dai-me o néctar de sua doçura e que eu consiga tudo o que desejo: a serenidade para agir de forma consciente e equilibrada.

Que eu seja como suas águas doces que seguem desbravadoras no curso dos rios, entrecortando pedras e se precipitando em cachoeiras, sem parar nem ter como voltar atrás, apenas seguindo meu caminho. Purifique minha alma e meu corpo com suas lágrimas de alento. Inunda-me com sua beleza, sua bondade e seu amor, enchendo minha vida de prosperidade. Salve Oxum!"

GUIZZETTI, Franco. *Faça oração de Oxum para ter prosperidade e proteção.* Disponível em: <http://tinyurl.com/l889rx6>. Acesso em: 21 jun. 2017.

Saiba mais

***Amor romântico e amor genuíno*. Entrevista com a monja budista Jetsunma Tenzin Palmo. Vídeo *on-line*.**

Em cerca de 4 minutos, o vídeo mostra a monja budista Jetsunma Tenzin Palmo falando sobre a diferença entre o amor romântico e o amor genuíno, explicando que cada qual carrega suas características e traz diferentes resultados nas relações humanas. Disponível em: <http://tinyurl.com/knh3lk7>. Acesso em: 22 mar. 2017.

Tannis Toohey/Toronto Star/Getty Images

A monja budista Jetsunma Tenzin Palmo.

Budismo (II)

O darma

Darma é o nome que se dá aos ensinamentos de Buda. Nas primeiras gerações do budismo, o darma era transmitido oralmente. Depois os ensinamentos passaram a ser escritos e até enriquecidos por outros mestres.

O principal ensinamento budista é o desapego. O desapego dos bens materiais, dos prazeres proibidos e de tudo o que impede a paz e a harmonia da vida.

É preciso saber que as coisas são passageiras, a fama é passageira, a riqueza é passageira, a vida é passageira. Nada permanece, tudo é impermanente, mutável.

Buda ensinou as pessoas a evitar ou diminuir os sofrimentos. Os sofrimentos das doenças, da velhice, dos apegos, do egoísmo, da morte. Segundo ele, quanto mais desapegados das coisas, menos sofremos.

Os Três Venenos

O budismo é muito prático e didático na transmissão do darma. Este é dado em blocos ou conjuntos enumerados, fáceis de entender e memorizar. Os Três Venenos, por exemplo, citam três regras:

1ª) Evitar a cobiça: quem não controla seus desejos e cobiças sofre e não tem tranquilidade.

2ª) Superar a ignorância: para os budistas, a ignorância também é fonte de sofrimento. As pessoas que não procuram se esclarecer, que não aprendem a viver com sabedoria, estão sujeitas a sofrimentos.

3ª) Combater a ira: a ira pode se transformar em ódio. É preciso praticar a mansidão, a bondade, a compreensão, principalmente a compaixão.

Conselhos de Buda

Vencer a ira com o amor;
Vencer o mal com o bem;
Vencer a avareza com a doação;
Vencer a mentira com a verdade.

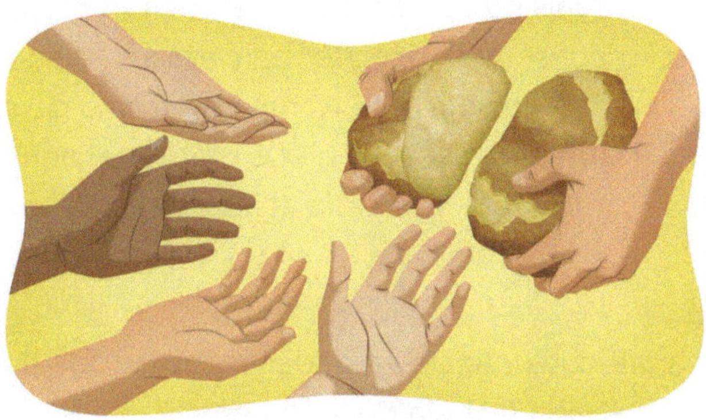

Rodrigo Arraya/Arquivo da editora

A roda do darma

A felicidade, segundo Buda, não vem do acúmulo de riqueza nem da privação exagerada. Ele ensinou o Caminho do Meio, um modo de viver entre esses dois extremos.

A roda do darma representa os oito passos do Caminho do Meio, também chamado de o Nobre Caminho Óctuplo.

Observe a seguir explicação de cada um dos oito passos.

O Parque Histórico Si Thep, na Tailândia, abriga o monumento Khao Klang Nai, do século VII, que simboliza a roda do darma.

1º) **Visão Correta**: é o início do caminho para a iluminação, quando se vê claramente que o sofrimento e a insatisfação vivenciados influenciam a existência.

2º) **Intenção Correta**: significa abandonar os pensamentos e atitudes egoístas que só trazem mais sofrimentos e substituí-los pela intenção de levar a felicidade a todos os seres.

3º) **Fala Correta**: falar palavras verdadeiras, agradáveis e benéficas, evitando a mentira.

4º) **Ação Correta**: não prejudicar nenhuma pessoa ou animal, mas fazer o possível para ajudar aqueles que precisem.

5º) **Meio de Vida Correto**: levar em conta as outras pessoas, não levar vantagem sobre os outros e nem tentar prejudicar alguém com suas atividades profissionais, sempre agindo de forma honesta e bondosa.

6º) **Esforço Correto**: este caminho está ligado à prática espiritual; sempre se esforçar, superando a preguiça e se mantendo em constante movimento no caminho da iluminação e tendo consciência dos pensamentos que surgem na mente, aproveitando os positivos e superando os negativos.

7º) **Plena Atenção Correta**: diz respeito à vivência de todas as atividades, espirituais ou cotidianas. Estar focado no agora, realizando tudo com muita atenção, sem se prender ao passado e sem ficar fantasiando o futuro, para que cada atividade se torne uma forma de meditação.

8º) **Concentração Correta**: manter a mente calma, concentrada e livre de ambições, para que cada ação seja realizada buscando uma mudança de vida.

As Quatro Nobres Verdades

Este conjunto de verdades resume toda a doutrina budista.

1ª) A vida é cheia de sofrimento.

2ª) Os sofrimentos são causados pela ambição.

3ª) Há um modo de acabar com o sofrimento.

4ª) O modo de combater o sofrimento é o Caminho do Meio.

As Três Joias

As Três Joias são:

1ª) Eu recorro ao Buda como refúgio.

2ª) Eu recorro ao darma como refúgio.

3ª) Eu recorro à **sanga** como refúgio.

> A prática budista deve começar com quem somos e com o que fazemos. Primeiro aprendemos a controlar os impulsos negativos do corpo. Isso é moralidade. Em seguida, aprendemos a controlar a mente. Isso é meditação. Então, aprendemos a compreender as verdades profundas da vida. Isso é sabedoria. Cada estágio depende do anterior.
>
> BARBEIRO, Heródoto. *Buda, o mito e a realidade*. São Paulo: Madras, 2005. p. 17.

Sanga: comunidade budista, monges e leigos.

Reunião de monges em Bangcoc, no Dia da Sanga. Realizado em muitos países, incluindo Camboja e Laos, o Dia da Sanga é sagrado para o budismo. Foto de 2017.

Carma

Carma é a lei da causa e efeito. Humilhar alguém é uma causa que gera efeitos como, por exemplo, o sofrimento no outro. Sempre que agimos conscientemente, estamos produzindo efeitos, bons ou maus. Ajudar alguém necessitado é causa de carma bom. Durante a vida, criamos incontáveis carmas que nos ajudam ou dificultam a encontrar o caminho para alcançar a iluminação, quer dizer, o fim do sofrimento.

Importante: os carmas maus causam sofrimentos nos próprios agentes. Quem vive praticando o mal aos outros acumula um arquivo de carmas maus. Esses carmas deverão ser pagos nesta ou em outras vidas. O budismo acredita no ciclo nascer/morrer/renascer. Enquanto não compensarmos os maus carmas com boas ações, não teremos paz nesta e na outra vida. Não há perdão aos maus, eles mesmos devem compensar seus carmas maus com boas ações.

Nirvana

O nirvana é o fim do ciclo nascer/morrer/renascer. Só se consegue o nirvana pela iluminação, que é a plenitude, o fim do carma mau.

Representação do nirvana budista em mural na cidade de Udon Thani, na Tailândia. O mural fica no monastério de Wat Pa Baan Muang. Foto de 2014.

Atividades

1 **Complete as frases de acordo com o que você aprendeu.**

a) Um dos três venenos, segundo o budismo, que é preciso evitar: ______________.

b) Depois de iluminado, Sidarta Gautama passou a chamar-se: ______________.

c) Nome que se dá aos ensinamentos de Buda: ______________.

d) Um veneno que é preciso combater para que não se transforme em: ______________.

e) O principal ensinamento budista: ______________.

f) O que Buda mais ensinou a evitar ou diminuir: ______________.

2 **A roda do darma é o principal símbolo do budismo.**

a) Explique o que é e o que representa.

____

____

____

b) Escreva os oito passos ou regras dentro da roda.

Rodrigo Arraya/Arquivo da editora

3. A iluminação do príncipe Sidarta, após longa meditação, ocorreu simultaneamente com a descoberta das Quatro Nobres Verdades, que resumem toda a doutrina budista.

a) Quais são essas quatro verdades?

1ª: ____

____

2ª: ____

____

3ª: ____

____

4ª: ____

____

b) Explique a mudança do nome de Sidarta Gautama.

____

____

____

____

____

4. **Complete o texto, inserindo nas lacunas os termos adequados.**

No budismo, a lei de causa e efeito chama-se ____________. Quem pratica o bem acumula um arquivo de ____________ bons e alcança o ____________. Mas quem pratica o ____________ gera um ____________ de carmas maus que deverão ser pagos nesta ou em outra ____________.

Para pagar os ____________ maus, os budistas acreditam no ciclo nascer/morrer/____________, até compensar os maus carmas com boas ____________ e, assim, alcançar o ____________, que é a plenitude, a paz total.

UNIDADE 3

Equilíbrio entre corpo e alma

Ao sair do casulo, a borboleta desenvolve todo o seu potencial.

Chik_77/Shutterstock

Divertir-se faz parte do equilíbrio entre corpo e alma.
Ring-a-Ring-a-Roses-Oh (cantiga de roda infantil do século XIX), 1885, do inglês Frederick Morgan. (Óleo sobre tela, 81,3 cm × 104,1 cm.)

Bridgeman Images/Easypix Brasil/Towneley Hall Galeria de Arte e Museu, Lancashire, Reino Unido.

1. A lagarta se transforma em borboleta depois de um tempo em seu casulo. Como o ser humano pode desenvolver o seu potencial?
2. De que forma a brincadeira ajuda a alma e o corpo?

Capítulo 7

Águia entre galinhas

A águia gosta de pairar nas alturas, acima do mundo, não para ver as pessoas de cima, mas para estimulá-las a olhar para cima.

KÜBLER-ROSS, Elizabeth. In: FAVA, Rubens; GILZ, Claudino. ***Espiritualidade organizacional***. Rio de Janeiro: Brasport, 2008. p. 70.

rokopix/Shutterstock

A águia nasceu para as alturas. Foto da águia-de-cabeça-branca, proveniente da América do Norte.

Em quais momentos nos comportamos como águia e em quais outros, como galinha, considerando que essas aves representam diferentes condições em nossas vidas?

Pelo texto de James Aggrey, a seguir, compreendemos a metáfora da águia e da galinha e de que forma a história pode ser transferida para nossa vida. Saber o tempo da rotina, do hábito, do treino, do ensaio e saber o tempo da transcendência, de admirar o belo, de certa insensatez e do lúdico.

Na natureza e em nós mesmos, só encontramos equilíbrio ao aceitar as duas condições, como veremos neste capítulo.

Leia a história a seguir, que narra uma verdadeira transformação interna.

Era uma vez um camponês que foi à floresta vizinha apanhar um pássaro para mantê-lo cativo em sua casa. Conseguiu pegar um filhote de águia. Colocou-o no galinheiro junto com as galinhas. Comia milho e ração própria para galinhas. Embora a águia fosse o rei/rainha de todos os pássaros.

Depois de cinco anos, este homem recebeu em sua casa a visita de um naturalista. Enquanto passeavam pelo jardim, disse o naturalista:

— Esse pássaro aí não é galinha. É uma águia.

— De fato – disse o camponês. É águia. Mas eu a criei como galinha. Ela não é mais uma águia. Transformou-se em galinha como as outras, apesar das asas de quase três metros de extensão.

— Não – retrucou o naturalista. Ela é e será sempre uma águia. Pois tem um coração de águia. Este coração a fará um dia voar às alturas.

— Não, não – insistiu o camponês. Ela virou galinha e jamais voará como águia.

Então decidiram fazer uma prova. O naturalista tomou a águia, ergueu-a bem alto e desafiando--a disse:

— Já que você de fato é uma águia, já que você pertence ao céu e não à terra, então abra suas asas e voe!

A águia pousou sobre o braço estendido do naturalista. Olhava distraidamente ao redor. Viu as galinhas lá embaixo, ciscando grãos. E pulou para junto delas.

O camponês comentou:

— Eu lhe disse, ela virou uma simples galinha!

— Não – tornou a insistir o naturalista. Ela é uma águia. E uma águia será sempre uma águia. Vamos experimentar novamente amanhã.

No dia seguinte, o naturalista subiu com a águia no teto da casa. Sussurrou-lhe:

— Águia, já que você é uma águia, abra suas asas e voe!

Biry Sarkis/Arquivo da editora

Quando a águia viu lá embaixo as galinhas, ciscando o chão, pulou e foi para junto delas.

O camponês sorriu e voltou à carga:

— Eu lhe havia dito, ela virou galinha!

— Não – respondeu firmemente o naturalista. Ela é águia, possuirá sempre um coração de águia. Vamos experimentar ainda uma última vez. Amanhã a farei voar.

No dia seguinte, o naturalista e o camponês levantaram bem cedo. Pegaram a águia, levaram-na para fora da cidade, longe das casas dos homens, no alto de uma montanha. O sol nascente dourava os picos das montanhas.

O naturalista ergueu a águia para o alto e ordenou-lhe:

— Águia, já que você é uma águia, já que você pertence ao céu e não à terra, abra suas asas e voe!

A águia olhou ao redor. Tremia como se experimentasse nova vida. Mas não voou. Então o naturalista segurou-a firmemente, bem na direção do sol, para que seus olhos pudessem encher-se da claridade solar e da vastidão do horizonte.

Nesse momento, ela abriu suas potentes asas, grasnou com o típico kau-kau das águias e ergueu-se, soberana, sobre si mesma. E começou a voar, a voar para o alto, a voar cada vez para mais alto. Voou... voou até confundir-se com o azul do firmamento.

Biry Sarkis/Arquivo da editora

AGGREY, James. In: BOFF, Leonardo. *A águia e a galinha:* uma metáfora da condição humana. Petrópolis: Vozes, 1998. p. 30-34.

Uma metáfora

A história anterior é utilizada como metáfora da condição humana. Em toda metáfora, há uma transferência de significado. Toma-se emprestado o significado de uma palavra, expressão ou de uma história para se aplicar em outro contexto. Quando se diz que uma pessoa é uma mãe, por exemplo, transfere-se para essa pessoa as qualidades que as mães costumam ter.

Vamos, pois, tomar a história da águia-galinha como uma metáfora, transferindo o modo de vida dessas aves para nossa existência. Assim, a condição-galinha é representada pelos atos rotineiros do dia a dia: comer, beber, cuidar do corpo, comprar, pagar contas... São os hábitos que praticamos no dia a dia, sem reflexão, porque fomos condicionados a eles. E a condição-águia é representada pela nossa vocação para a arte, para a beleza moral, para o amor e para Deus; é o nosso potencial para voar mais alto, alçar voos conscientes para onde podemos chegar.

Para os músicos atingirem a perfeição que desejam em uma orquestra, por exemplo, ensaiam exaustivamente, não questionam o que fazem, porque sabem que os treinos são

A orquestra une a rotina (ensaios) e o sublime, que fazem parte da existência humana. Orquestra dirigida pelo maestro francês Antoine Marguier apresenta-se em prol dos sírios refugiados na Inglaterra. Foto de 2015.

Martin Good/Shutterstock

extremamente necessários para alcançarem seus objetivos. Estão na condição-galinha. Durante uma apresentação, alçam o voo que desejam, expõem o talento e o esforço e recebem a aclamação do público. Estão aí na condição-águia. O próprio público, que atinge uma nova potencialidade ao usufruir de uma obra de arte, também está na condição-águia.

Não nascemos só para cuidar de comida, roupa, aquisição de bens, etc. Também nascemos para contemplar o Sol do alto das montanhas e voar livremente em direção ao infinito.

Não se trata de subestimar a condição-galinha. Os hábitos e a rotina são necessários para conduzirmos nossa vida. Muitos objetivos só são alcançados a partir do momento que seguimos certos protocolos. A metáfora serve para nos lembrar de que as duas condições são essenciais para a realização humana.

Para ler e pensar

Águias mitológicas

Universalmente considerada a rainha das aves, a águia é um símbolo do Sol, da realeza e dos deuses, em particular dos deuses do céu. Representa autoridade, força, vitória e orgulho. Na China, o princípio masculino ou *yang* relaciona-se com a visão apurada e o destemor.

A águia é muitas vezes identificada com Garuda, personagem mítica hindu que trava combates de morte com a serpente. Tal como o gavião, a águia, ao voar para os céus, olharia de frente para o Sol. Por isso, na Europa medieval, foi associada à ascensão de Cristo e à própria oração subindo a Deus. Na tradição australiana, a águia marinha leva as almas dos mortos de volta ao Sonho.

De Agostini Picture Library/Bridgeman Images/Easypix Brasil/ Victoria and Albert Museu, Londres, Reino Unido.

Representação do deus indiano Vishnu e sua esposa Lakshmi voando no Garuda, a águia mitológica brilhante como o fogo. Miniatura do século XVIII.

Atividades

Pensando juntos

1 Para entender melhor, leiam em duplas e completem as lacunas.

a) Quando expressamos uma ideia ou verdade, por meio de uma comparação figurativa, estamos usando uma ______________________________.

b) A história da águia entre galinhas representa uma ______________________ da condição humana.

c) Pode-se dizer, portanto, que ______________________ é um modo especial de explicar um pensamento.

d) Dessa forma, estamos hoje trabalhando com uma ______________________: a ______________________ da nossa existência.

2 Relacione as duas colunas de modo a tornar verdadeiras as informações.

- Na história *A águia e a galinha*, precisamos entender que:

(1) na condição-águia predomina...
(2) na condição-galinha predomina...

( ) a busca da arte.
( ) a alimentação.
( ) a procura da beleza moral.
( ) o cultivo da inteligência.
( ) a superação de dificuldades.
( ) o cuidado com a higiene.
( ) a procura do amor.
( ) a prática de esportes.
( ) a busca de Deus.

Biry Sarkis/Arquivo da editora

Vamos refletir?

3 A águia e a galinha são duas aves que simbolizam o que somos e fazemos como pessoas. A galinha representa as tarefas corriqueiras: escovar os dentes, tomar banho, cuidar da casa, fazer compras, lavar roupas, consertar eletrodomésticos... Já a águia lembra as funções sublimes: meditar, orar, buscar a verdade, aprender a amar, etc.

• Em sua opinião, qual é a condição mais importante, a de galinha ou a de águia?

____

____

____

____

4 **Encontre as palavras no diagrama e complete as frases a seguir. Depois releia tudo e reflita sobre as frases formadas.**

B	P	L	X	E	Z	F	Q	R
X	O	Z	L	N	T	D	I	A
F	D	S	S	C	D	M	L	P
H	E	Q	L	O	X	A	G	P
V	R	F	P	N	Q	S	K	E
P	S	M	E	T	A	A	F	R
B	M	L	T	R	P	S	M	F
Á	G	U	I	A	S	T	V	E
F	B	Q	G	R	Ã	O	S	I
Q	D	N	T	S	V	X	N	Ç
P	V	I	D	A	Q	B	P	Ã
N	X	S	Q	B	X	L	R	O
D	V	C	O	M	E	R	F	M

a) Chega um ____________ em que aprendemos que na vida há muito mais que ____________, lutar ou conseguir ____________. Existe algo chamado ____________, e a ____________ da ____________ é ____________ essa perfeição e refleti-la.

Fernão Capelo Gaivota.

b) Abramos as ____________ e voemos como as ____________. Jamais nos contentemos com os ____________ que jogam aos pés para ciscar.

Leonardo Boff.

5 **Leia o texto da Bíblia a seguir. Sublinhe as ações que representam a condição-águia para você.**

Tudo tem seu tempo. Há um momento oportuno para cada coisa debaixo do céu: tempo de nascer e tempo de morrer; tempo de plantar e tempo de arrancar o que se plantou; [...] tempo de chorar e tempo de rir; tempo de lamentar e tempo de dançar; tempo de espalhar pedras e tempo de as ajuntar; tempo de abraçar e tempo de se afastar dos abraços; tempo de procurar e tempo de perder; tempo de guardar e tempo de jogar fora; tempo de rasgar e tempo de costurar; tempo de calar e tempo de falar; [...].

Eclesiastes 3,1-2;4-7. *Bíblia Sagrada*. 8. ed. Tradução da CNBB. Brasília: Edições CNBB; São Paulo: Editora Canção Nova, [s.d.]. p. 795.

Trocando ideias

6 **Nossa condição-águia anda lado a lado com a condição-galinha. Converse com o professor e os colegas sobre as afirmações abaixo.**

a) Com o estômago roncando de fome, não se consegue prestar atenção ao estudo.

b) As ideias fluem com mais facilidade depois de um bom banho.

c) Preocupações com contas a pagar interferem na concentração e no raciocínio.

d) A produção intelectual é mais limitada quando o corpo está frágil e doente.

e) É essencial comer, beber e cuidar do corpo, para que se possa, efetivamente, raciocinar, refletir, estudar e orar.

wavebreakmedia/Shutterstock

Momento de oração

7 **Concentre-se, leia a estrofe abaixo e medite. Em seguida, pesquise uma imagem que represente o momento indicado na oração, recorte-a ou imprima-a. Depois procure mantê-la em um lugar em que você possa visualizá-la diariamente.**

Observe as cores do amanhecer: o Sol nascerá para você!
Aprecie os matizes do anoitecer: as estrelas brilharão para você!
Procure um momento de silêncio: o infinito envolverá você!
Obrigado, Senhor, pela sensibilidade com que nos brindas!

Capítulo 8

De corpo e alma

A alma é essa coisa que nos pergunta se a alma existe.

QUINTANA, Mário. ***Poesia completa***. Rio de Janeiro: Nova Aguilar, 2005. p. 315.

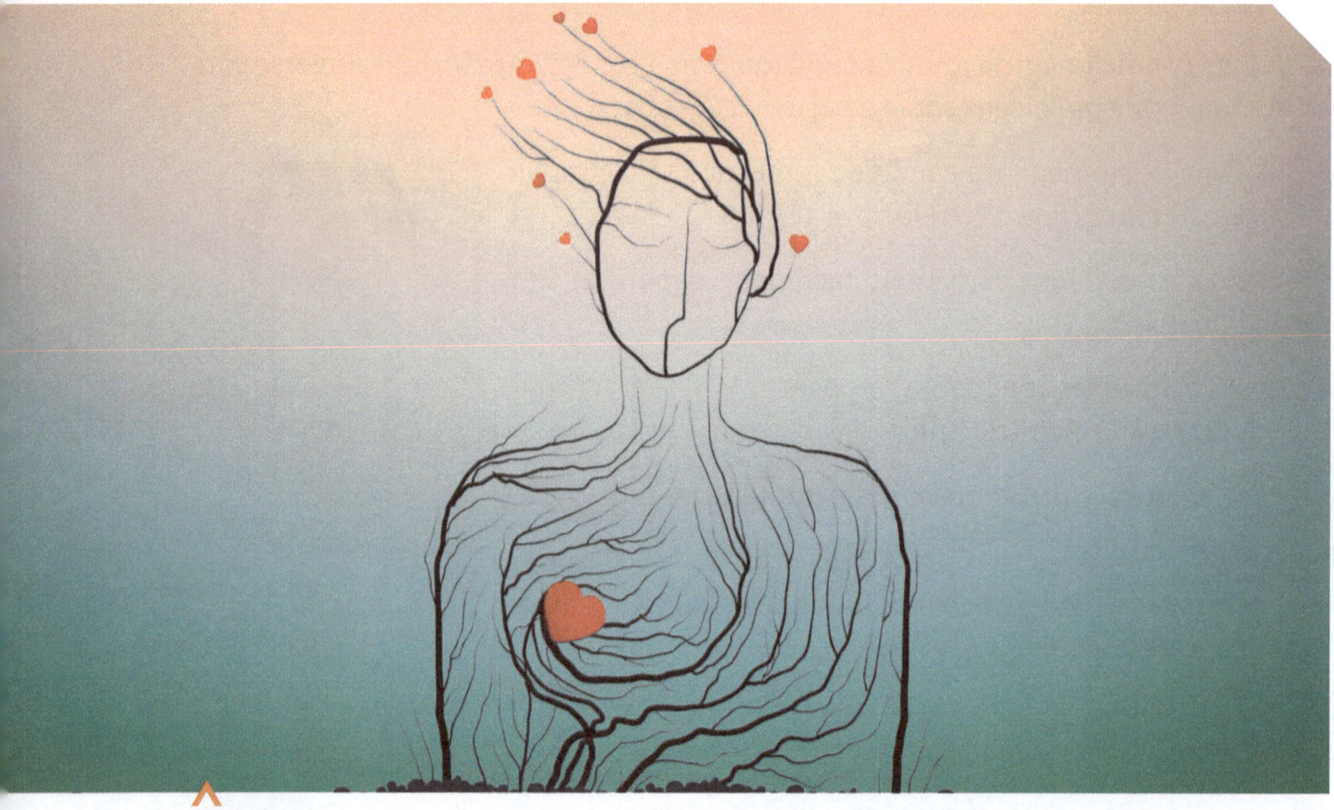

Fona/Shutterstock

A alma para o ser humano é como as flores para a árvore: integra o todo de forma indivisível.

A alma é objeto de estudo desde que os seres humanos começaram a questionar a própria existência. Provavelmente não há civilização que não tenha uma explicação ou que não dê qualquer importância ou significado para a alma.

O cristianismo, por influência do judaísmo, trata a alma não como parte do corpo, mas como uma unidade. Para os cristãos, alma e corpo devem estar em equilíbrio para que a vida se harmonize.

Tais questões serão estudadas neste capítulo.

Muitos estudiosos se debruçaram sobre a existência da alma: O que é alma? Ela nos guia ou nós a guiamos? A alma é nossa consciência ou é aquilo que a gerencia?

Outras questões: Nossa alma permanecerá depois que partirmos? A alma pode ser corrompida? Nossa alma é imortal? São muitas as perguntas sobre a alma e nem sempre temos respostas para elas.

Para o cristianismo, o ser humano é uma unidade constituída de corpo e alma. Não é um composto de corpo e alma, distintos e independentes. Do mesmo modo, não se deveria dizer "eu tenho uma alma", pois o eu já é corpo e alma.

Por essa concepção, como formamos uma unidade, tudo o que se faz com o corpo também é feito, de alguma forma, com a alma, e vice-versa: tudo o que se faz com a alma faz-se também com o corpo, pois não são elementos separados. A alegria do corpo é a alegria da alma. O prazer e o bem-estar do corpo são da alma também. O mesmo se diga das doenças. Ninguém fica doente apenas do corpo. Toda doença atinge corpo e alma. É por isso que quem está com dor de dente, por exemplo, não canta, não sorri, anda triste. E aquele que está passando por sérios problemas no colégio, na família ou no trabalho pode ter dificuldades em pegar no sono à noite.

A alegria do corpo é a alegria da alma e vice-versa.

I_B/Shutterstock

A alma, dessa forma, é indissociável do corpo. O ser humano, criado à imagem de Deus, é uma criatura ao mesmo tempo corporal e espiritual. O relato bíblico exprime essa realidade com uma linguagem simbólica, ao afirmar que:

Macrovector/Shutterstock

> Então o Senhor Deus formou o ser humano com o pó do solo, soprou-lhe nas narinas o sopro da vida, e ele tornou-se um ser vivente.
>
> Gênesis 2,7. *Bíblia Sagrada*. 8. ed. Tradução da CNBB. Brasília: Edições CNBB; São Paulo: Editora Canção Nova, [s.d.]. p. 16.

O dualismo platônico

A concepção de ser humano como composto de corpo e alma distintos e independentes se chama **dualismo**.

O dualismo tem origem em Platão, filósofo grego que viveu de 428 a.C. a 347 a.C. Segundo ele, a alma é o elemento principal do composto humano. O corpo é uma espécie de prisão da alma. "Prisão que arrastamos pela vida como o caracol arrasta a concha que o envolve."

Se o corpo é um empecilho para a alma, conforme o filósofo pensava, então tudo o que se relaciona ao corpo deve ser evitado ou, no máximo, tolerado. Isso fez muita gente sacrificar os legítimos prazeres dos sentidos, considerados nocivos à perfeição espiritual.

O dualismo platônico teve considerável influência em nossa civilização ocidental. Ainda hoje muita gente tem dificuldade em aceitar que formamos uma unidade corpo-alma.

Carol M. Highsmith/Buyenlarge/Getty Images

Estátua de bronze do filósofo grego Platão, criada pelo estadunidense John J. Boile, em foto de 2010. O monumento encontra-se no Salão de Leitura do Congresso, em Washington, D.C.

Cuidando do corpo-alma

Shutterstock/tzf

Apesar de sermos uma unidade corpo-alma e de tudo o que se relacionar a um deles influenciar o outro, algumas ações parecem se referir mais a um que a outro. Por exemplo: praticar esportes, andar, alimentar-se e sentar-se dizem mais respeito ao corpo. Ler bons livros ou revistas, refletir, meditar, estudar, dedicar-se aos outros e rezar referem-se mais à alma. É importante cuidar do corpo e da alma.

skynesher/Getty Images

Precisamos cuidar tanto do corpo quanto da alma.

É ncessário um equilíbrio entre o corpo e a alma, não é possível cultuar somente o corpo, sem que a alma padeça com isso. Não podemos preencher sentimentos de angústia e vazio da alma sobrecarregando nosso corpo com atividades e vícios. Da mesma forma que buscar somente a reflexão, sem momentos de relaxamento, de atividades para o corpo, também nos tornará doentes e fracos.

Seremos felizes e alcançaremos todo o nosso potencial quando descobrirmos, como a águia, que podemos voar, sonhar com as alturas, usufruir os verdadeiros prazeres do corpo-alma, cultivar a amizade, amar de verdade.

Para ler e pensar

Corpo-alma

Um velho sacerdote disse: "Fala-nos da religião".

E o profeta disse: "Falei de outra coisa hoje? Não é a religião todas as nossas ações e reflexões?

E tudo o que não é ação nem reflexão, mas um espanto e uma surpresa sempre brotando na alma, mesmo quando as mãos talham a pedra ou manejam o tear?

Quem pode separar sua fé de suas ações, ou sua crença de seus afazeres? Quem pode desdobrar as próprias horas perante si, dizendo: esta é para Deus e esta para mim; esta para minha alma e esta para meu corpo?".

[...]

GIBRAN, Khalil. In: VERNETTE, Jean. *Parábolas para os nossos dias*. São Paulo: Loyola, 1993. p. 32.
Título original deste excerto: *E vê-lo-eis caminhando nas nuvens...*

Atividades

Trocando ideias

1 Leia abaixo o poema de um filho falando ao pai. Em seguida, converse com o professor e os colegas sobre o poema e responda ao que se pede.

Milton R. Alves/Arquivo da editora

Pai,
vens com os olhos cansados,
os dedos gretados,
os pés doridos,
os sonhos moídos.
Onde colheste o sorriso
que me dás
como uma flor?

SOARES, Luísa D. *Poemas da mentira e da verdade*. Lisboa: Livros Horizonte, 1999. p. 25.

- Em sua opinião, todos os filhos têm a sensibilidade de perceber e respeitar o cansaço dos pais? Comente.

____

____

____

____

2 O corpo e a alma mantêm sintonia. O corpo somatiza (expressa de forma visível) o que a alma sente de forma invisível. Pense nas situações a seguir e assinale aquelas que você já experimentou. Depois converse sobre isso com o professor e os colegas.

( ) O medo nos faz tremer.

( ) A vergonha nos faz corar.

( ) O pavor paralisa nossos gestos.

( ) A dor nos traz abatimento.

( ) A alegria transparece no sorriso e na fala.

( ) A tristeza nos leva a chorar.

( ) A felicidade nos faz bater palmas e cantar.

Cantar é sempre alegria.

BonD80/Shutterstock

Pensando juntos

3 Apesar de sermos uma unidade, há necessidades que se referem mais à alma e outras que se referem mais ao corpo. Em duplas, procurem distingui-las e as anotem nas respectivas colunas. No final, acrescentem outras atividades em cada coluna.

meditar	rezar	ter postura correta
caminhar	refletir	fazer ginástica
alimentar-se	praticar esportes	cuidar da higiene
estudar	ler bons livros	dedicar-se aos outros

Atividades que se referem ao corpo	Atividades que se referem à alma

4 **Ainda em duplas, leiam a tirinha e respondam ao que se pede.**

QUINO, Joaquín S. L. *Mafalda 4*. São Paulo: Martins Fontes, 2010. p. 42.

- Para administrar bem sua pessoa, como diz o Miguelito, cuidar do corpo é suficiente? Expliquem.

Vamos refletir?

5 **Faça agora um pequeno exame de consciência. Responda só para si mesmo, mentalmente.**

a) Você também valoriza as atividades que se referem à alma?

b) De que tipo de atividades você gosta mais: das físicas ou das mentais?

c) Você costuma dedicar-se de corpo e alma aos estudos?

d) Você assume seus compromissos de corpo e alma?

e) O que significa para você dedicar-se de corpo e alma a uma causa?

Capítulo 9

O corpo de Cristo

Jesus pegou o pão e depois de ter pronunciado a bênção, partiu-o e deu aos discípulos dizendo: "Tomai e comei, isto é o meu corpo".

Mateus 26,26. ***Bíblia Sagrada***. 8. ed. Tradução da CNBB. Brasília: Edições CNBB; São Paulo: Editora Canção Nova, [s.d.]. p. 1236.

Mondadori Portfolio/Electa/Antonio Quattrone/Bridgeman Images/Easypix Brasil/Galleria degli Uffizi, Florença, Itália.

Adoração do Menino, do século XVI, do artista italiano Lorenzo di Credi. (Óleo sobre painel, 224 cm × 196 cm.)

Os evangelhos que deram origem às religiões cristãs narram que há mais de 2 mil anos Jesus Cristo, o filho de Deus, tornou-se gente como a gente. Assumiu a natureza humana, sem deixar de ser divino. Assim, passou a sentir, como nós, alegria, tristeza, fome, dor, bem-estar, cansaço, prazer, sono... Por fim, morreu crucificado. Ele tornou-se humano para nos tornar divinos.

Neste capítulo, você vai conhecer este homem-Deus que dividiu a História e mudou grande parte da humanidade.

Para os cristãos, o corpo tem um significado especial: Jesus Cristo, o filho de Deus, encarnou-se. Isso significa que o filho de Deus assumiu um corpo humano.

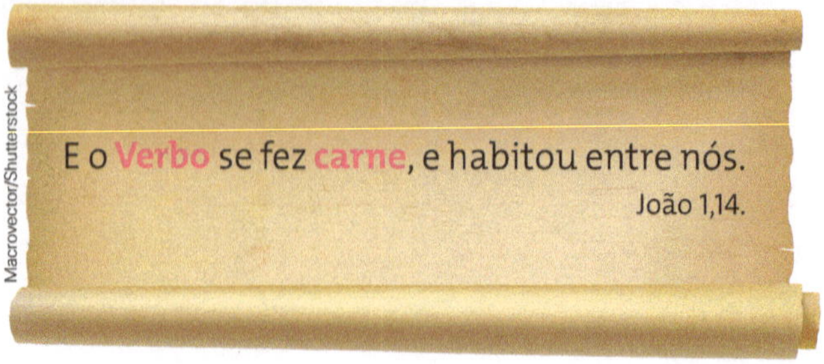

Macrovector/Shutterstock

Verbo: nesse contexto significa a palavra com que Deus criou o mundo e dialogou com os homens.

Carne: nesse contexto significa corpo.

Ao encarnar-se, ou seja, ao tornar-se humano, Jesus deu dignidade divina ao corpo. E fez mais: ofereceu seu próprio corpo como alimento aos homens.

Jesus tinha duas naturezas: a divina e a humana. Era plenamente divino e plenamente humano.

Jesus e o corpo

Cristo come e bebe, dorme e passeia, cansa-se e sofre, padece e morre. E quando ressuscita, para não deixar nenhuma dúvida sobre sua realidade corporal, come ainda uma vez com seus discípulos, parte o pão e pede a Tomé que verifique a identidade de seu corpo glorioso, colocando o dedo no lugar de suas chagas.

CHARBONNEAU, Paul-Eugène. *Moral conjugal no século XX*. São Paulo: Herder, 1975. p. 30-31.

Vitral da Catedral de São Pedro e São Paulo, datado de 1924, com imagem da transformação de água em vinho por Jesus. São Francisco, Estados Unidos.

Bill Perry/Shutterstock

Lendo os Evangelhos, percebe-se que Jesus era verdadeiramente humano. Tinha amigos prediletos, como os irmãos Lázaro, Marta e Maria, sentia a ingratidão, sofria as dores das doenças, tinha medo e coragem e apreciava os prazeres como qualquer mortal. Certamente, não desprezava as boas ceias que seus amigos e seguidores lhe ofereciam. Seus inimigos chegam a chamá-lo de "comilão e beberrão" (Mateus 11,19).

E gostava de festas, como qualquer um de nós. Aliás, foi em uma festa de casamento que Jesus realizou seu primeiro milagre, transformando água em vinho saboroso.

A encarnação tornou Jesus mais semelhante a nós do que imaginamos.

Para ler e pensar

Corpo cósmico

> **Malgrado:** o mesmo que a expressão "apesar de".

[...] O cristianismo, **malgrado** as tendências espiritualistas, é a religião da concretude: fatos históricos, como a vida e a morte de Jesus; o pão e o vinho como símbolos da nossa comunhão com Deus; a "ressurreição da carne" proclamada no Credo. Somos um corpo. Assim como a árvore brota da terra, o corpo humano emerge da evolução do Universo. Somos todos feitos de matéria estelar. Nosso corpo tem a idade aproximada de 15 bilhões de anos! Sua gestação teve início quando o calor da explosão inicial do Universo ofereceu, a olhos nenhum, a primeira festa cósmica de São João. Fogueiras acesas no firmamento pontilharam de luz a escuridão do céu.

[...] Todos os átomos do nosso corpo adquiriram, nas entranhas das estrelas, existência e consistência. Eram, então, como notas da escala musical que ainda não encontraram o instrumento capaz de fazê-las ressoar em música. Muito tempo depois, os átomos de nosso corpo ganharam pele nas moléculas e vestiram-se com a roupa das células, construindo esse ser que somos. [...]

Tudo isso [...] é o corpo que somos, no qual a carne é tão espiritual quanto o espírito tão carnal, indivisíveis, dualidade sem dualismo, semente contida na árvore contida na semente que contém tronco e galho, seiva, folha e flor, assim como, desde seu início, o Universo nos continha e, desde sempre, Deus nos enlaça em seu abraço amoroso.

Esse corpo que somos é o corpo personificado do Cosmo. [...] "Nele vivemos, movemo-nos e existimos", acentuam os Atos dos Apóstolos (17, 28). [...]

Somos a Terra em sua expressão humana. [...] Filhos da Terra, trazemos em nosso corpo a mesma proporção de água e sal encontrada neste planeta. Da natureza emergimos e graças a ela nutrimos a nossa vida e encontramos em nosso corpo matas em forma de pelos, superfícies lisas e ásperas, reentrâncias e protuberâncias, fendas, canais, fontes e cavernas.

Esse corpo que somos dorme e sonha, sofre e goza, sabe-se feliz ou contrai-se em tristeza, esbanja saúde ou fragiliza-se na doença. Sobretudo, é capaz de algo inacessível a todos os outros animais: sorrir. E, no entanto, ainda vivemos num mundo submerso em lágrimas. Porque esse corpo, provido de sentimentos e emoções, guarda rancores, iras e ódios, embora tão capaz de compaixão, ternura e amor.

Esse corpo que somos é morada divina. Porém, ainda profanado pelo trabalho opressivo, abatido pelas guerras, prostituído pela miséria, excluído pelo estado de mal-estar social. Corpo feito para se revestir de dignidade, pleno de direitos.

Corpo, copo que acolhe vinho e carinho e se projeta em palavras, como o pássaro lança-se ao vento que imprime voo às suas asas. Esse nosso corpo, criado à imagem e semelhança de Deus, é idêntico ao corpo de Cristo e, como ele, vocacionado ressurreicionalmente à eterna idade, lá onde o tempo se despe do espaço e cede lugar à plenitude do amor.

FREI BETTO. O corpo cósmico. *O Estado de S. Paulo*, São Paulo, 2 jun. 1999. p. A2.

Maksim Shmeljov/Shutterstock

Atividades

Pensando juntos

1 **Leiam, em duplas, o texto *Corpo cósmico* da seção *Para ler e pensar* e depois respondam ao que se pede.**

a) De que forma Frei Betto relaciona o corpo com a natureza?

b) Como a sociedade profana o corpo?

Trocando ideias

2 **Converse com o professor e os colegas sobre as questões abaixo e então responda-as.**

a) Os evangelhos mostram que Jesus era verdadeiramente humano. Quais atitudes dele comprovam isso?

b) O que aconteceu na festa de casamento conhecida como Bodas de Caná?

Vamos refletir?

3 **Cuidar do corpo é imprescindível. Ainda em duplas, leiam as alternativas e relacionem as colunas.**

(A) O corpo precisa de atividade e movimento para ter saúde, bem-estar e alegria.

(B) Olhos, ouvidos, nariz, boca e pele são "janelas" do corpo abertas para o mundo.

(C) Na educação física, não só os músculos mas também os sentidos devem ser exercitados.

(D) Atividades lúdicas deixam o corpo não apenas saudável mas também feliz.

(E) Andar faz bem para o corpo e também para a alma, onde os pensamentos se movem.

(F) Movimentos lentos repõem a energia no organismo.

(   ) Ande, ande bastante!

(   ) Exercite os sentidos!

(   ) Pratique atividades físicas!

(   ) Evite correrias!

(   ) Mantenha suas "janelas" abertas!

(   ) Faça suas atividades com alegria!

Look and Learn/Bridgeman Images/Easypix Brasil/Coleção particular

Jesus descansa em Betânia na casa de amigos, óleo sobre tela do inglês William Hole (1846-1917).

4 **Jesus, o filho de Deus, encarnou-se. O que significa isso?**

____

____

5 **Leia com atenção e responda verdadeiro (V) ou falso (F) às alternativas que complementem ou não a frase abaixo.**

- De que forma Jesus cuidava de sua realidade corporal?

  (   ) Ele comia, bebia e passeava.

  (   ) Vivia isolado, orando e meditando.

  (   ) Tinha amigos e gostava de festas.

  (   ) Não se importava com sua aparência.

6 Leia a tirinha a seguir da cartunista Laerte e responda.

LAERTE. *Deus:* gororoba. Disponível em: <https://aldojr2.wordpress.com/2009/08/22/deus-segundo-laerte/>. Acesso em: 19 jun. 2017.

- A tira faz paródia de qual episódio bíblico?

____

____

____

Momento de oração

7 **Leia a oração de Santo Inácio de Loyola que fala sobre a alma e o corpo de Cristo.**

Alma de Cristo, santificai-me.
Corpo de Cristo, salvai-me.
Sangue de Cristo, inebriai-me.
Água do lado de Cristo, lavai-me.
Paixão de Cristo, confortai-me.
Ó bom Jesus, ouvi-me.
Dentro das vossas chagas, escondei-me.
Não permitais que de Vós me separe.
Do espírito maligno, defendei-me.
Na hora da minha morte, chamai-me.
E mandai-me ir para Vós,
para que vos louve com os vossos Santos,
por todos os séculos.
Amém.

Saiba mais

***O sepulcro esquecido de Jesus: novas evidências.* Discovery Channel, 2014.**

O documentário apresenta novas evidências sobre a localização do sepulcro de Jesus Cristo. O vídeo também traz uma discussão sobre a ascensão de Jesus, que teria subido aos céus espiritualmente, mantendo-se os ossos no sepulcro. Disponível em: <https://youtu.be/Dg_FG5Bzz8g>. Acesso em: 28 mar. 2017.

Reprodução/Simcha Jacobovici/James Cameron/Discovery Channel

Cena do documentário.

Espiritismo

O espiritismo foi fundado pelo francês Allan Kardec, no século XIX. Os fundamentos da doutrina estão dispostos nos cinco principais livros escritos por Kardec: *O livro dos espíritos*, *O livro dos médiuns*, *O Evangelho segundo o espiritismo*, *A gênese* e *O céu e o inferno*.

Observe abaixo os mais importantes princípios do espiritismo.

Manuel Cohen/Agência France-Presse

Busto de Allan Kardec, criado por Charles-Romain Capellaro (1820-1899), em seu túmulo, no cemitério Père Lachaise, em Paris, França.

- **Lei de causa e efeito (ou Lei da ação e reação)**. Também conhecida como carma para os seguidores do hinduísmo e do budismo, essa lei pressupõe que qualquer ação do ser humano necessariamente desencadeará outra ação, com a mesma intensidade, mas em sentido contrário.
  Tal regra é idêntica à terceira lei de Newton. Por exemplo: quem pratica um crime terá de prestar contas sobre esse ato (responsabilizar-se) nesta ou em outra vida. Quanto mais males alguém pratica, mais vezes o espírito dele reencarnará até compensar os males com boas ações.
- **O espírito não morre (é eterno, imortal)**. Não é o corpo que reencarna, é o espírito. O corpo físico, para o espiritismo, é mero invólucro do espírito, que é eterno e nunca falece. Quando o corpo físico morre, o espírito reencarna em outro corpo.
  A mesma alma (mesmo espírito) pode passar por muitos corpos diferentes: de homem, de mulher, de estatura baixa, alta, de várias nacionalidades, etnias, etc. Mas, segundo o espiritismo, o espírito nunca regride, ou seja, jamais involui. Pode estacionar no estágio em que estiver ou desenvolver-se. Por isso, quando atinge o estágio humano, jamais reencarnará em animais, diferentemente do que se pensa no hinduísmo.
  Depois da última reencarnação, quando o espírito tiver concluído seu autoaperfeiçoamento, **expiado** todos os males cometidos e praticado boas ações, torna-se puro, bem-aventurado e feliz para sempre. Nesse caso, não precisará mais reencarnar, exceto por sua própria vontade, com o objetivo de auxiliar os espíritos menos evoluídos na Terra.

  Expiar: sofrer as consequências de atos praticados.
- **Amor ao próximo ("Fora da caridade não há salvação")**. Um dos requisitos para alcançar a salvação divina é praticar o amor ao próximo, que se traduz em fazer caridade sem julgamento. Por isso, os espíritas fundam muitas obras so-

ciais, como asilos, orfanatos, hospitais e escolas. O amor ao próximo foi traduzido por Kardec na frase: "Fora da caridade não há salvação".

- **Comunicação com os espíritos**. Embora a crença na comunicação com os espíritos seja praticada há mais de 2 mil anos por muitas religiões, o espiritismo a desenvolveu, conferindo-lhe, segundo Kardec, uma característica filosófica e científica, além de religiosa.

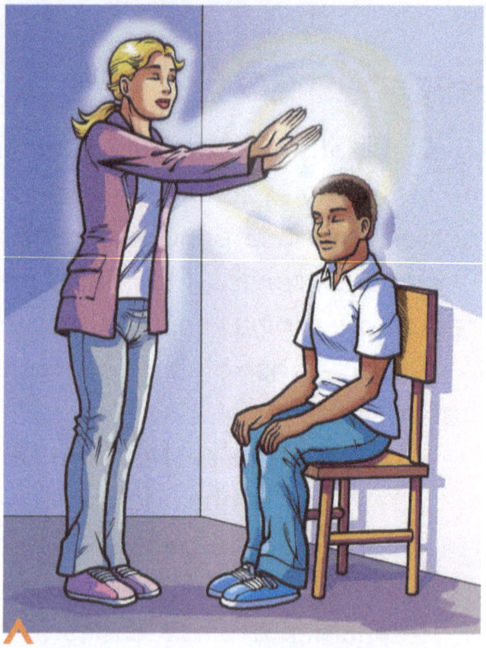
André Valle/Arquivo da editora

O passe espírita é uma transmissão de fluidos magnéticos pelas mãos do passista (que fica em oração), visando ao reequilíbrio físico e psíquico do receptor.

O espiritismo não tem igrejas, nem templos, nem rituais, nem santos, nem hierarquias terrenas, nem indumentária especial. Os locais de reunião dos adeptos dessa religião/filosofia são chamados de casas espíritas ou centros espíritas. Ainda assim, qualquer ambiente pode servir para os encontros.

Quem interage com os espíritos é o médium. A comunicação entre o espírito e o médium se dá por meio do perispírito (espécie de cobertura fluida que envolve o corpo físico). Assim, o espírito passa a agir, falar e até escrever por meio do médium. A escrita mediúnica (quando um espírito dita a um médium o que escrever) é chamada de psicografia.

Após passarem por estudos para compreender a doutrina espírita e fazerem um curso específico, os interessados em trabalhar nas casas espíritas têm autorização para dar o passe. No espiritismo, o passe é um método de transmissão de energias de uma pessoa à outra por meio da imposição das mãos.

Valter de Paula/EM/D.A Press

Chico Xavier durante psicografia, em 2001.

Médiuns famosos

No Brasil, o médium mais famoso foi o mineiro Chico Xavier, já falecido (1910-2002). Em atividade, o médium João de Deus, também chamado de João de Abadiânia (cidade de Goiás, onde atende visitantes provenientes do mundo todo), é mundialmente conhecido. A maior notoriedade do médium ocorreu após ter sido entrevistado pela apresentadora estadunidense Oprah Winfrey, em 2012.

Atividades

1 **Em dupla com um colega, complete as frases, inserindo adequadamente as palavras disponíveis no quadro.**

doutrina	caridade	comunicar	imortalidade
manifestação	autoaperfeiçoamento	reencarnação	psicografia

a) Espiritismo é uma ______________ que professa a ______________ do espírito e a ______________. É por meio do ______________ e da ______________ que o espírito progride rumo à sua purificação.

b) O médium é uma pessoa com capacidade de se ______________ com os espíritos. Um tipo de ______________ dos espíritos através do médium é a ______________________________.

2 **Ao falar em espiritismo, três pessoas se destacam por sua relevante atuação nessa doutrina.**

a) Procure o nome dessas pessoas no texto e anote-os aqui.

____

b) Em poucas palavras, explique o porquê da importância de cada um desses nomes.

____

____

____

3 **A caridade é uma prática importante para o espiritismo. Converse sobre isso com o professor e os colegas e depois responda.**

a) Como os espíritas concretizam a vivência da caridade na prática?

____

b) Você conhece alguma entidade filantrópica mantida pelos espíritas? Conte como é.

____

____

UNIDADE 4

Depois da morte

No México, o Dia dos Mortos é comemorado anualmente de 31 de outubro a 2 de novembro, com festas, paradas e celebrações em todo o país. De acordo com a antiga cultura asteca, as almas retornam à Terra no Dia dos Mortos para reencontrar amigos e familiares. Foto de Morélia, em 2014.

Jan Sochor/Latincontent/Getty Images

Renata Sedmakova/Shutterstock

Essa obra representa Maria, a mãe de Jesus, segurando o filho morto após a crucificação. *Pietà*, do artista italiano Michelangelo Buonarroti, c. 1498-1499. Escultura em mármore, Basílica de São Pedro, Vaticano.

1. O que você pensa sobre a morte?
2. Qual a sua opinião sobre vida após a morte?

Capítulo 10

Para onde vamos?

A morte é a coisa mais antiga do mundo. E sempre chega pontualmente na hora incerta...

QUINTANA, Mário. ***Velório sem defunto***. São Paulo: Mercado Aberto, 1990. p. 137.

Erich Lessing/Album/Fotoarena/Leopold Museum, Viena, Áustria.

Artistas de variadas gerações se perguntaram o que acontece após a morte. Klimt foi um deles. *Morte e vida*, do pintor austríaco Gustav Klimt, 1916. (Óleo sobre tela, 178 cm × 198 cm.)

A morte é parte inevitável do ciclo da vida. E, por desconhecermos seus mistérios, causa medo, reflexões, angústias e incertezas.

Algumas religiões tratam da morte como uma passagem para outra vida. Outra visão sobre a morte a entende como um descanso, um sereno e eterno sono.

Neste capítulo, vamos tratar também daqueles que não acreditam na vida pós-morte.

Por quê?

O homem é um ser que pensa. Quem pensa interroga. O *por quê?* está na origem de todas as ciências e descobertas que beneficiam a humanidade. Aprendemos porque questionamos, mas para certas questões ainda não temos respostas.

Certamente, as questões mais intrigantes são as que se relacionam com o sentido da vida. Por que nascemos? Para onde vamos? A morte é o fim de tudo? A morte seria o fim do aperfeiçoamento pessoal e coletivo? E a esperança que ficou no fundo da **caixa de Pandora**? A morte seria o fim da esperança que nos acompanha durante toda a existência? Ou apenas o começo de outra vida?

Caixa de Pandora: segundo o mito grego, a caixa de Pandora continha todos os males do mundo. Pandora abriu-a, liberando-os. No fundo da caixa, manteve-se apenas a esperança.

A crença na vida após a morte constitui uma questão fundamental, uma das mais importantes da existência. Quem não gostaria de ter certeza do que lhe vai acontecer após a morte? Dos seres vivos, o homem é o único que sabe que vai morrer e muitos esperam a sobrevivência.

As religiões tentam de alguma forma trazer conforto e esperança para aqueles que buscam respostas àquelas questões e têm fé na continuidade da existência após a morte.

Bruce Rolff/Shutterstock

A morte é um momento solitário, que pode ser representado por essa pessoa subindo a escada.

Tempo e morte

Avô e neto conversavam em uma manhã de domingo ensolarado, sentados em um tronco de árvore. De repente, uma formiga morde o pé do menino. O avô mata a formiga, e a morte passa a ser o assunto da conversa.

— Gabriel, você sabe que também vai morrer um dia? — pergunta o avô.

— Sei, mas vai demorar.

Uma criança de 3 anos já é capaz de relacionar tempo e morte.

Ateísmo

Uma parte dos homens não crê em vida após a morte e, consequentemente, também não acredita na existência de um ser superior, transcendente.

Mas o fato de alguém negar a existência de Deus e de vida após a morte não significa necessariamente que seja mau e antiético. O amor, a solidariedade e a compaixão parecem realizar as pessoas que os praticam, independentemente da esperança de uma vida futura.

Patrícia Santos/Folhapress

O sociólogo Herbert de Souza, o Betinho, ateu, foi ativista pelos direitos humanos. Nesta foto de 1997, ele apresenta a arte-final de camiseta da Campanha contra a Fome.

O brasileiro Herbert José de Souza, o Betinho, é um de muitos exemplos. A grave doença de que sofria não o impediu de liderar um movimento nacional em favor dos que passam fome em uma campanha chamada Ação da Cidadania contra a Miséria e Pela Vida, que ainda existe.

Na citação abaixo, Tarrou, personagem do romance *A peste*, de Albert Camus, é ateu, mas almeja ser santo. De fato, para tanto só faltou ser religioso, pois ofereceu a própria vida cuidando das vítimas de uma peste que avassalava uma cidade. Como disse Jesus Cristo, ninguém tem mais amor do que aquele que dá a vida pelo próximo (João 15,13).

> — Em resumo — disse Tarrou com simplicidade —, o que me interessa é saber como alguém pode tornar-se **santo**.
>
> — Mas você não acredita em Deus.
>
> — Claro. Podemos ser santos sem Deus, é o único problema concreto que hoje conheço.
>
> CAMUS, Albert. *A peste*. Rio de Janeiro: José Olympio Editora, 1973. p. 153.

Santo: em sentido amplo, santo é quem alcançou alto grau de prática das virtudes religiosas. No catolicismo, os santos gozam de alto prestígio. São considerados intercessores dos fiéis junto a Deus e exemplos de amor a Deus e ao próximo.

O direito de dormir

Não existe imagem que mais tranquilize a alma que a imagem de uma criança adormecida. Seus olhinhos fechados dizem que o seu pequeno corpo está fechado dentro de si mesmo, num ninho de silêncio e escuridão.

Mas é comum que essa tranquilidade seja precedida por uma luta contra o sono: a criança não quer dormir. Ela tem medo da escuridão. E o medo agita a alma.

Foi pensando nisso que os músicos inventaram um tipo de música chamado *berceuse* (em francês), que é uma canção doce destinada a ajudar as crianças a dormir. Ah! Como são lindas as *berceuses* de **Brahms** e de **Schumann**! Elas acalmam a criança amedrontada que mora em mim, põem os seus medos para dormir. E enquanto seus medos dormem, eu durmo bem longe deles...

Brahms: refere-se a Johannes Brahms (1833-1897), famoso compositor alemão.

Schumann: refere-se a Robert Schumann (1810-1856), famoso compositor alemão.

Mas isso que os músicos fizeram foi apenas instrumentalizar as canções que as mães de todo o mundo inventaram para fazer seus filhos dormirem. As *berceuses* acalmam as almas das crianças.

Tudo o que existe precisa dormir. O simples existir cansa. A se acreditar nos poetas e nas crianças, até mesmo as coisas.

Minha filha de 4 anos, olhando os vales e montanhas que se perdiam de vista nos horizontes de Campos do Jordão, fez-me essa pergunta metafísica: “Papai, as coisas não se cansam de serem coisas?”.

Fernando Pessoa teve suspeita semelhante e escreveu: “Tenho dó das estrelas luzindo há tanto tempo, há tanto tempo... Tenho dó delas. Não haverá um cansaço das coisas, de todas as coisas, como das pernas ou de um braço? Um cansaço de existir, de ser, só de ser, o ser triste, brilhar ou sorrir...”.

Ele, poeta, estava cansado. Olhava para as estrelas que luziam havia tanto tempo e tinha dó delas. Elas deveriam estar muito cansadas. Suas pálpebras jamais se fechavam. Seus olhos estavam sempre abertos, sem poder dormir jamais.

Pergunto-me então se não haverá um simples cansaço de viver. Será que não chega o momento em que a vida diz, das profundezas do seu ser, como um pedido de socorro aos que entendem a sua fala: “Estou cansada. Quero dormir o grande sono...”?

[...]

ALVES, Rubem. O direito de dormir. *Folha de S.Paulo*, 17 fev. 2009. Disponível em: <www1.folha.uol.com.br/fsp/cotidian/ff1702200906.htm>. Acesso em: 4 abr. 2017.

Imgorthand/Getty Images

Atividades

Trocando ideias

1 **Converse com o professor e os colegas sobre as questões abaixo e troque ideias oralmente a respeito delas.**

a) Por que o tema morte é sempre cercado de mistério e temor?

b) Que tipo de sentimentos desperta em você a palavra morte?

c) O que significa epitáfio?

d) Você já passou por alguma experiência de morte, seja de amigos, seja de familiares? Caso se sinta à vontade, compartilhe com os colegas.

Pensando juntos

2 **A maior tragédia na vida de muitas pessoas é o fato de morrerem antes de ter vivido plenamente.**

a) Conversem em duplas sobre isso e escrevam um comentário.

____

____

b) Na opinião de vocês, o que significa viver plenamente?

____

____

____

c) Quando vocês acham que se deve começar a viver plenamente?

____

____

____

Ideias em ação

3 **Prepare-se para uma atividade: com toda a turma, escreva o nome de um colega em um papel. Depois misturem os papéis, façam um sorteio e sigam as instruções a seguir.**

a) Retire um papel do sorteio e mantenha o nome do colega em segredo.

b) Preencha a frase abaixo, começando pelo nome tirado no sorteio.

Se você, ______________________________ (citar nome do colega), morresse hoje, o mundo ficaria mais empobrecido porque perderia ______________________________
____

(citar diversas qualidades que enalteçam o referido colega).

c) Concluída essa tarefa, cada um lê sua frase para o grupo e comenta o que escreveu.

d) Ao término, ler ou cantar este trecho da canção "Epitáfio", dos Titãs, abaixo.

Devia ter amado mais, ter chorado mais
Ter visto o Sol nascer
Devia ter arriscado mais, até errado mais
Ter feito o que eu queria fazer
Queria ter aceitado as pessoas como elas são
Cada um sabe a alegria e a dor que traz no coração...

BRITTO, Sérgio. Epitáfio. In: Titãs. *A melhor banda de todos os tempos da última semana*. [S.l.]: Sony Music, 2001. 1 CD. Faixa 6.

Milton R. Alves/
Arquivo da editora

Vamos refletir?

4 **Leia com atenção todas as frases a seguir. Escolha aquela que chamou mais a sua atenção, circule-a e escreva uma reflexão sobre ela.**

a) A vida é o maior dom que recebemos; um presente tão excepcional que se deve festejá-la a cada minuto, sem avareza.

b) O fato de saber que morreremos um dia leva-nos a fazer esforços para viver melhor.

c) Mais importante do que a morte é o que tivermos realizado em vida.

d) Quem vive sem dar um bom dia aos outros é um avarento de fraternidade.

- Reflexão/comentário:

____
____

Capítulo 11

Ancestralidade e reencarnação

As pessoas não morrem, ficam encantadas.

ROSA, Guimarães. In: ROSA, Vilma Guimarães. ***Relembramentos:* João Guimarães Rosa, meu pai**. Rio de Janeiro: Nova Fronteira, 2014.

Reprodução/Coleção particular

Baba Egum representa para o candomblé os ancestrais de uma pessoa. *Baba Egum*, [s.d.], ilustrado por Carybé.

O tema "vida após a morte" traz diferentes concepções conforme a religião. Neste capítulo, trataremos de duas delas: a ancestralidade e a reencarnação. Ambas são crenças mais antigas que a ressurreição do cristianismo.

Mencionaremos também as religiões que creem em alguma dessas concepções.

A ancestralidade

Nas religiões nativas africanas ou indígenas americanas, os espíritos dos mortos permanecem junto dos vivos, interferindo nos assuntos da terra. Assim, os **ancestrais** formam um grupo invisível mais poderoso que a sociedade dos vivos.

Ancestral: pessoa de quem se descende, antepassado.

Os rituais consistem em oferendas e outras homenagens aos espíritos, a fim de que protejam a comunidade a que pertenciam antes da morte. Sobretudo os mais importantes em vida são lembrados e homenageados, para que tragam benefícios e afastem os males, como a fome, as doenças e as guerras.

Pajé Raimundo, da tribo dessana tukana, localizada em Manaus (AM). O pajé é o intermediário entre os espíritos e a tribo. Foto de 2015.

Para as religiões que cultuam a ancestralidade, não existe separação entre matéria e espírito. Até os elementos da natureza, os rios, as árvores, as pedras e as montanhas são espiritualizados. Essas religiões acreditam num Deus Supremo, considerado **onisciente**, criador do mundo e dos homens, provedor, às vezes identificado com o Sol, a Lua e outros fenômenos naturais.

Onisciente: que tem saber absoluto, com conhecimento infinito sobre todas as coisas.

Para outras questões, a religião conta com entidades, cuja influência varia de comunidade para comunidade, de região para região.

Os **xamãs** ou **pajés** exercem as funções mais importantes nas tribos. Além de intermediários entre os vivos e os espíritos, são conselheiros e responsáveis pela cura de doenças, o que os tornou através do tempo exímios conhecedores das plantas medicinais. Acredita-se ainda que são capazes de predizer o futuro e evitar desastres naturais.

Xamã/pajé: pessoa que pode entrar em contato com os espíritos, a fim de obter favores, afastar malefícios e realizar curas.

As bonecas Kachinas são consideradas espíritos que protegem os humanos, segundo os indígenas *pueblos* do Sul dos Estados Unidos.

A reencarnação

A reencarnação é uma crença anterior ao surgimento do cristianismo. Várias religiões antigas acreditavam que a morte não é o fim da existência. Os mortos renascem em outro corpo (humano, animal ou vegetal). Atualmente, o budismo, o hinduísmo e o espiritismo são as principais tradições religiosas reencarnacionistas.

O renascimento ou reencarnação baseia-se no conceito de que o ser humano é composto de corpo e alma. Mas só o corpo morre, a alma renasce em outro corpo.

Reprodução/Templo Sri Sri Radha Krishna, Utah, Estados Unidos.

Para os reencarnacionistas, nascemos, crescemos e morremos. Completado esse ciclo, a alma renasce para um novo período de aprendizado. Obra exposta no Templo Sri Sri Radha Krishna em Utah, Estados Unidos.

As pessoas virtuosas, ao morrer, renascem em um corpo e uma condição de vida melhores que os de antes da morte. Os que fizeram mais mal que bem renascem em um corpo e uma condição de vida piores que os anteriores. E assim será até que revertam o processo pela prática do bem. Portanto, a reencarnação premia as boas ações e pune as más condutas.

O hinduísmo e o budismo principalmente utilizam a palavra *carma* para significar os resultados das ações. Ações boas criam carma positivo; ações más, carma negativo.

Carma é uma lei natural de causa e efeito. O mal praticado (a causa) resultará em sofrimento futuro (efeito). Por exemplo: se alguém desiste da escola hoje (causa), certamente sofrerá as consequências no futuro (efeito).

O ciclo do nascer/morrer/renascer se repete até a pessoa ter compensado, por meio de boas ações, os males praticados durante suas vidas passadas.

Para o espiritismo, quem consegue pôr fim ao ciclo nascer/morrer/renascer, pela prática do bem e pelo autoaperfeiçoamento moral, torna-se um espírito puro. Esse espírito vai para junto de Deus, torna-se ministro do Ser Supremo, e transmite suas ordens ao Universo, de modo a contribuir com o aprimoramento de outros espíritos menos evoluídos.

Segundo o budismo, quem vence o ciclo nascer/morrer/renascer alcança o nirvana. Nirvana é o fim de sofrimentos, um estado de iluminação e paz. Para o hinduísmo, quem se liberta do ciclo retorna ao Absoluto e alcança a felicidade suprema (*anana*).

Para ler e pensar

Morte é uma etapa para o recomeço

Leia a seguir o trecho da entrevista de Balbino Daniel de Paula, líder religioso que cultua os eguns.

Fernando Vivas/Ag. A TARDE

Balbino Daniel de Paula, responsável pela comunidade de Ponta de Areia, Bahia, em foto de 2014.

Balbino Daniel de Paula, 56 anos, é alagbá, título que lhe conferiu a liderança do Ilê Agboulá. Situado em Ponta de Areia, na ilha de Itaparica (Bahia), o terreiro sedia hoje, à noite, o auge de uma homenagem aos eguns. É uma festa, de certa forma, para os que já morreram, assim como o Dia de Finados, também comemorado hoje. Mas um culto de vida é a palavra que Balbino prefere para definir a prática religiosa onde atua como liderança.

Aliás, ouvi-lo falar é privilégio, pois o culto feito no Agboulá e em outros terreiros semelhantes, majoritariamente sediados em Itaparica, é pouco conhecido. No posto do alagbá, Balbino tem optado por usar a oralidade para informar, sem revelar os fundamentos do mistério. O objetivo é combater o preconceito e mostrar a beleza de uma celebração que une entes sacralizados africanos, mas também os que são brasileiros, dentre os quais seus parentes biológicos. É a lição, segundo o alagbá, de que a morte não é o fim, mas uma etapa para o recomeço que é eterno e se renova unindo passado e presente como prática religiosa.

Como o senhor define o culto a egum?

É uma definição complexa, mas vou conceituá-la de forma simples. O culto a egum é a preservação da existência coletiva. Costumo dizer que, enquanto Exu é o princípio da existência individual, o culto a egungum é o culto à ancestralidade, é reviver o princípio da existência coletiva, guardar os laços de parentesco, entre as famílias e entre os habitantes do globo terrestre. E é isso que o egungum faz: preserva a harmonia. Tanto é que cada ancestral egungum representa uma família para que ela possa se lembrar dele como princípio da existência. É a forma também para que o egungum acompanhe sua família, não permitindo que as adversidades ocorram no seio dela.

A palavra correta é egum ou egungum?

A forma, ao morrer, constitui-se em egum. Da passagem de egum para egungum há uma preparação ritualística que ocorre dentro do culto. É a potencialização e a purificação da energia, para que no tempo de no mínimo sete anos o egum saia da fase inicial e passe à fase de egungum com toda a energia pronta para retornar à família.

[...]

RAMOS, Cleidiana. Balbino: "O culto a egungum preserva o laço coletivo". *A Tarde*. Disponível em: <https://tinyurl.com/ydx55qrj>. Acesso em: 19 jun. 2017.

Atividades

Trocando ideias

1 **Leia e converse sobre as perguntas abaixo com o professor e os colegas.**

a) Crer que há vida após a morte é uma das questões mais importantes da existência humana. Você concorda? Por quê?

b) Para quem tem fé, é um consolo saber que a vida continua em outra dimensão, após a morte. Você pensa assim?

Pensando juntos

2 **Em duplas, respondam às questões considerando o que aprenderam no capítulo.**

a) Quais são as religiões que professam a ancestralidade?

____

____

b) Quais são as funções dos xamãs ou pajés nas tribos indígenas?

____

____

____

c) Qual o objetivo das homenagens e oferendas aos espíritos?

____

____

3 **Após a consulta ao quadro de palavras com um colega, leiam as frases e as completem corretamente na página seguinte.**

antepassado	posteridade	ancestral
descendência	proteger	descendentes
espírito	antecessor	ancestralidade
ressurreição	reencarnação	

a) As principais crenças sobre a continuidade da vida após a morte são: ____________________, ____________________ e ____________________.

b) Ancestralidade é uma palavra derivada de ____________________, que significa ____________________ ou ____________________.

c) O contrário de ancestralidade é ____________________ ou ____________________.

d) Nas religiões nativas, ancestralidade é a crença em que o ____________________ da pessoa morta permanece junto aos vivos para ____________________ os seus ____________________.

Vamos refletir?

4 Leia o texto da seção *Para ler e pensar* e responda ao que se pede.

a) Qual a diferença entre egum e egungum?

____

____

____

b) Como Balbino Daniel de Paula se refere à morte?

____

____

____

5 Complete as frases corretamente após consultar o texto.

a) ____________________, portanto, é a crença de que na morte é dada uma nova vida ao espírito para se ____________________.

b) Atualmente, as principais tradições reencarnacionistas são: ____________________, ____________________ e ____________________.

c) No ciclo do nascer/____________________/____________________, a pessoa alcança o estado de felicidade suprema.

Capítulo 12

Ressurreição

E se Cristo não ressuscitou, a nossa pregação é sem fundamento, e sem fundamento também é a vossa fé.

1 Coríntios 15,14. ***Bíblia Sagrada***. 8. ed. Tradução da CNBB. Brasília: Edições CNBB; São Paulo: Editora Canção Nova, [s.d.]. p. 1413.

Maria Madalena foi a primeira a ver Jesus após a ressurreição. No encontro, Jesus pede-lhe que não o toque porque ainda não havia subido ao Pai. *Não me toque*, do século XIV, afresco do pintor italiano Giotto, presente na Capela Arena, em Pádua, Itália, representa a cena.

A ressurreição de Jesus Cristo é um dos pilares centrais do cristianismo. Se Jesus não tivesse ressuscitado, como as pessoas iriam acreditar que ele é o filho de Deus? O islamismo também crê na ressurreição, assim como no dia em que todos serão julgados por seus atos.

Neste capítulo, abordaremos o tema da ressurreição e veremos textos bíblicos e do Alcorão que mostram como essas religiões veem o tema da vida após a morte.

Cristianismo e ressurreição

A ressurreição é uma crença fundamental do cristianismo. Jesus Cristo, autoproclamado filho de Deus, segundo a Bíblia, foi crucificado por ordem das autoridades judaicas e dos romanos que dominavam a Palestina, mas ressuscitou três dias após a morte. Apareceu a seus seguidores e permaneceu quarenta dias na Terra.

Tomé, um de seus apóstolos, quando soube da ressurreição do Mestre, não acreditou, dizendo:

> Se eu não vir a marca dos pregos em suas mãos, se eu não puser o dedo nas marcas dos pregos, se eu não puser a mão no seu lado, não acreditarei.
>
> João 20,25

Cristo reapareceu mais tarde e lhe disse para comprovar a ressurreição tocando as suas chagas. Só então Tomé se convenceu da divindade de Jesus. Por fim, o ressuscitado acrescentou:

> Tomé, acreditaste porque viste. Benditos aqueles que não viram e creem.
>
> João 20,29

Para comprovar sua ressureição, Jesus permite que o apóstolo Tomé o toque. *Cristo e o apóstolo Tomé*, escultura da fachada da igreja de Orsanmichele, fundada no final do século XIV, em Florença, Itália.

Jesus Cristo, durante suas pregações nas aldeias e cidades palestinas, além de ter curado vários tipos de doença, ressuscitou ao menos três pessoas: seu amigo Lázaro, o filho de uma pobre viúva e a filha de Jairo.

Islamismo e ressurreição

A ressurreição e o juízo final também constituem crenças fundamentais para o islamismo. De acordo com o Alcorão, a ressurreição e o juízo final serão como a descrição abaixo.

> E quando (a última hora vem e) a Trombeta é soada com um único toque, e a terra e as montanhas (sobre ele) são removidas e pulverizadas com um só golpe. É nesse dia que o evento inevitável vai acontecer [a ressurreição].
>
> Surata 69 – AL-HÁCCA (A Realidade Absoluta): versículos 13-15.

> Quanto àqueles que serão desventurados (naquele dia, por conta das suas ações), eles estarão no Fogo, onde exalarão gemidos e choros; permanecerão lá por tanto tempo quanto os céus e a terra durarem, exceto pela vontade de seu Senhor. Certamente o Senhor é o Soberano que faz o que quer.
>
> Surata 11 – HUD (Profeta Hud): versículos 106-107.

Album/akg-images/Fotoarena/Coleção de Arte Islâmica Khalili, Londres, Inglaterra

Aos crentes fiéis a Alá será reservado um jardim de delícias, descrito sob a forma alegórica de acordo com as aspirações dos beduínos do deserto: terão água em abundância, frutas à vontade e a carne das aves que desejarem, reclinar-se-ão sobre almofadas bordadas com ouro e pérolas, servidos por lindas virgens de olhos grandes, semelhantes a pérolas em suas conchas; lá não se ouvirão nem futilidades nem blasfêmias, mas apenas a palavra Paz! Paz!

Texto elaborado com base em:
Surata 56 – AL WAQUI'A (O Evento Inevitável).
ÜNAL, Ali. *O Alcorão:* com interpretação anotada. Tradução de Samir el Hayek.
Disponível em: <https://tinyurl.com/ldtng9w>.
Acesso em: 13 mar. 2017.

Algumas obras islâmicas representam o destino dos bons e dos maus no último dia. *O Juízo Final*, do século XVII, pintura islâmica do *Livro de profecias*, também chamado de *Falnameh*. (Tinta, aquarela, ouro e prata sobre papel, 41 cm × 28,4 cm.)

Para ler e pensar

Ressurreição segundo o Alcorão

Tomohiro Ohsumi/Bloomberg/Getty Images

Para os muçulmanos, um eclipse reunindo Sol e Lua anunciará o dia do Juízo Final, o Dia da Ressurreição. Foto de eclipse solar visto de Tóquio, Japão, em 2012.

Por acaso, o homem pensa que nunca juntaremos seus ossos? Sim! Somos capazes de restaurar-lhe até as pontas dos dedos. Mas o homem prefere prosseguir na sua libertinagem. E diverte-se: "Quando será o Dia da Ressurreição?". Mas quando o olhar ficar ofuscado, e a Lua for eclipsada, e o Sol e a Lua forem reunidos, então ele dirá: "Para onde fugir?". Não, em verdade, não haverá refúgio. Naquele dia, para teu Senhor voltarás. E o homem será informado do que tiver feito e do que tiver deixado de fazer, e ele será uma testemunha contra si mesmo, e suas desculpas não serão aceitas.

Surata 75 – AL QUÍAMA (A Ressurreição): versículos 1-15.

Texto elaborado com base em: *Alcorão*. Tradução de Mansour Challita. Rio de Janeiro: Acigi, [s.d.].

Atividades

Pensando juntos

1 **Em duplas, leiam e completem as frases com informações sobre o pensamento das principais crenças religiosas a respeito da vida após a morte.**

a) Quando o espírito do falecido fica junto dos vivos, protegendo-os ou até prejudicando-os, estamos falando da ______________. Quem crê assim são os seguidores das religiões ______________ e ______________.

b) Quando, ao morrer, o espírito da pessoa é dado a uma nova criatura para se purificar, estamos falando da ______________. Esta é a crença professada pelos ______________, ______________ e ______________.

c) Quando a vida das pessoas, após a morte, é transformada em nova vida em outra dimensão, estamos falando de ______________. Assim acreditam os seguidores ______________ monoteístas, como o ______________, o ______________ e o ______________.

Vamos refletir?

2 **Esta é uma lenda que faz pensar. Leia-a e responda às questões a seguir.**

Conta a lenda de um homem rico que, chegando ao portão do Céu, encontrou-se com São Pedro, que o dirigiu até sua nova casa. Caminhou por ruas de ouro ladeadas por magníficas mansões. O homem deu uma parada, esperando que sua nova moradia estivesse localizada ali, mas São Pedro prosseguiu e foi seguido pelo recém-chegado. Finalmente, Pedro chegou a uma área pouco habitada e, parando diante de uma pequena cabana, falou ao homem:

— Chegamos. Aqui é a sua eterna morada.

Indignado com o que via, o homem falou:

Biry Sarkis/Arquivo da editora

— Isso não é possível. Na Terra eu vivia em grande luxo e tinha tudo o que um homem pode desejar. Agora você quer que eu viva neste casebre? Certamente deve estar havendo um engano.

São Pedro, que o ouvia em silêncio, acrescentou:

— É preciso compreender que todo o material que empregamos na construção de sua casa foi enviado pelo senhor enquanto esteve na Terra. Seria um grande prazer para nós construir-lhe uma bela mansão, espaçosa e bem decorada, mas não nos mandou o material adequado. O senhor foi egoísta demais... Nunca pensou nos outros.

SOUZA, Sérgio Jeremias de. *Dinâmicas e histórias*. São Paulo: Editora Ave-Maria, 2008. p. 62.

a) Agora reflita e circule a frase abaixo que, em sua opinião, melhor conclui a lenda.

- Somos os únicos responsáveis pelos nossos atos.
- Preparamos nesta vida o que nos servirá para a outra.

b) Justifique sua escolha.

3 **Releia o trecho bíblico a seguir em que Jesus fala com o apóstolo Tomé e responda: A que ele está se referindo?**

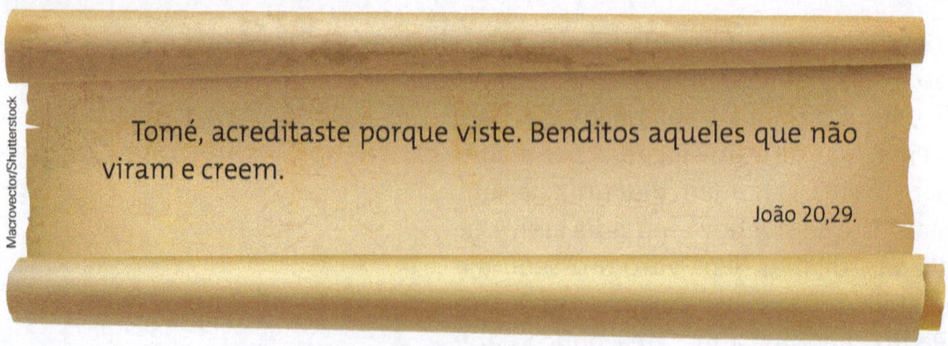

Macrovector/Shutterstock

4 Assinale V (verdadeiro) ou F (falso) conforme sua avaliação das afirmativas abaixo.

( ) Para colher merecidamente frutos de alegria, bem-estar e felicidade, devemos plantar paz, harmonia, perdão, tolerância, gentileza.

( ) Aquele que tiver plantado raiva, discórdia, orgulho, inveja, egoísmo colherá os tristes frutos do remorso, da tristeza e da infelicidade.

( ) Na visão dos muçulmanos, Alá é misericordioso e, por isso, não haverá punição aos seres humanos no dia do juízo final. Todos serão abençoados com a vida eterna.

( ) Após sua ressurreição, Jesus apareceu a seus apóstolos e ainda permaneceu por 40 dias na Terra. No entanto, evitou fazer qualquer milagre nesse período.

Saiba mais

Reprodução/Vincent Ward/Universal Pictures

Amor além da vida. Direção de Vincent Ward. Estados Unidos, 2006. 1 DVD.

Chris e Annie Nielsen perdem seus dois filhos em um acidente, porém superam o desespero. Mas quando Chris também morre em um acidente quatro anos mais tarde, Annie se suicida. O espírito da esposa está aprisionado e só poderá ser libertado por Chris.

Reprodução/Paulo Figueiredo/Paris Filmes

E a vida continua... Direção de Paulo Figueiredo. Brasil, 2012. 1 DVD.

Filme baseado no livro espírita *E a vida continua...*, psicografado por Chico Xavier, que ensina os princípios do espiritismo. Os protagonistas se encontram casualmente. Portadores de uma doença grave, acabam morrendo e se reveem no outro lado, onde a vida continua. Nessa nova dimensão, eles experimentam uma vida completamente diferente.

Candomblé (I)

Do século XVI até o XIX, cerca de 4 milhões de negros africanos foram trazidos para o Brasil na condição de escravos. Centenas morreram nos porões dos navios e foram jogados ao mar. Eles eram negociados de forma absolutamente vergonhosa, como se fossem animais ou terras.

Mas os africanos escravizados criaram formas de resistência contra a barbárie a que eram submetidos. Uma dessas formas de resistência é o candomblé, a religião dos orixás.

O candomblé era uma das religiões africanas que foi se adaptando às circunstâncias e meios brasileiros. Por isso, é chamado de religião afro-brasileira.

Apesar de ser proibido pelas igrejas e até ser considerado crime por alguns governos no passado, o candomblé se disseminou para diversos segmentos da população e se expandiu sobremaneira após o fim da escravatura em 1888.

Mesmo sendo "assegurado o livre exercício dos cultos religiosos e garantida, na forma da lei, a proteção aos locais de culto e a suas liturgias", como reza o artigo 5º da Constituição brasileira, os praticantes do candomblé ainda sofrem preconceito e ataques diversos aos seus cultos.

Orixás

As entidades do candomblé são chamadas de orixás. Cada orixá tem sua função, seus símbolos sagrados e sua história, baseados em narrativas míticas. Acima de tudo, eles são a origem do axé, palavra de origem africana que significa "energia", "força espiritual e da natureza" e que também acabou servindo de saudação. Em vez de dizer "oi" ou "tudo bem?", fala-se "axé!".

Demétrius Abrahão/Fotoarena

Ogum é o orixá do ferro (forja as próprias ferramentas) e da guerra. Estátua de Ogum na praça dos Orixás, em Brasília, DF. Foto de 2017.

O deus supremo do candomblé é Olorum, mas ele encarregou os orixás da criação e proteção do mundo e da humanidade.

Os orixás apresentam várias características de personalidade. Eis abaixo os nomes dos principais orixás e suas funções.

> **Exu** é o mais humano dos orixás e contém em si os conflitos da humanidade; é o senhor da transformação.

> **Iansã** é a deusa das tempestades, dos espíritos dos mortos.

> **Iemanjá** é a rainha do mar e da maternidade, além de cuidar do equilíbrio emocional e da loucura.

> **Logum Edé** é o orixá da riqueza e da fartura; também é deus da surpresa e do inesperado.

> **Nanã** representa as pessoas idosas e respeitáveis. Simboliza a fecundidade, a riqueza e a morte.

> **Obá** é a deusa protetora do poder feminino.

> **Ogum** forjou os primeiros instrumentos de ferro. É o comandante do exército.

> **Omulu** é a divindade que cuida dos doentes.

> **Ossanha** é a divindade responsável pelas plantas e ervas medicinais.

> **Oxalá** é o criador do ser humano, do princípio da vida e protetor dos idosos. Aliás, o candomblé cultiva a dignidade e a sabedoria dos mais velhos, o que não acontece em nosso país nem em alguns outros.

> **Oxóssi** é caçador e dono das matas. Representa também a fertilidade e a produção de alimentos.

> **Oxum** preside a água doce, o ouro, o amor e a fertilidade.

> **Oxumarê** é a divindade do arco-íris e das chuvas, proporcionando boas colheitas. Também preside aqueles que sabem obter dinheiro nos negócios.

> **Xangô** é o rei do mundo. Concentra a energia máxima. É o deus da justiça.

Francisco Santos/Acervo do artista

Omulu, do artista plástico brasileiro Francisco Santos. [s.d.]

Atividades

1 **Assinale verdadeiro (V) ou falso (F) para as afirmativas abaixo, conforme sua avaliação.**

( ) Candomblé é o nome da religião trazida ao Brasil pelos africanos escravizados.

( ) Todos os rituais e crenças do candomblé se mantiveram intactos, ou seja, idênticos aos de sua origem africana.

( ) O candomblé é o símbolo da resistência dos negros contra a escravidão.

( ) Desde seu surgimento no Brasil, o candomblé é praticado de forma livre e independente.

2 **Leia, pesquise e responda às questões a seguir.**

a) A palavra africana *candomblé* significa:

____

____.

b) O deus supremo do candomblé e suas divindades são:

____

____.

c) Os orixás são a origem do axé, que significa:

____.

d) Em função da energia positiva que carrega, a palavra axé também é usada como:

____

____.

3 **Pensando nos itens c e d da atividade 2, responda a seguir ao que se pede.**

a) Alguém chega perto de você e diz com entusiasmo: "Aquele axé para você, *brother*!". Como você interpreta essa saudação?

____

____

____

b) O que você poderia responder a essa pessoa?

c) A quem você gostaria de mandar um axé neste momento e por quê?

4 **Há um grande número de orixás no candomblé, cada qual com sua função específica.**

a) Observe as duas listas e relacione o nome de cada orixá com sua função, consultando o texto.

(1) Xangô	( ) É o comandante do exército.
(2) Oxóssi	( ) Rainha do mar e da maternidade.
(3) Iansã	( ) Orixá poderoso, o rei do mundo.
(4) Ogum	( ) Criador do ser humano e protetor dos idosos.
(5) Iemanjá	( ) É caçador e dono das matas.
(6) Oxalá	( ) Divindade do arco-íris e das chuvas.
(7) Oxumaré	( ) Responsável pelas ervas medicinais.
(8) Exu	( ) Deusa da tempestade e do espírito dos mortos.
(9) Logum Edé	( ) Orixá com as características mais humanas.
(10) Ossanha	( ) Divindade da surpresa e do inesperado.

b) Com qual dos orixás você se identifica mais? Por quê?

UNIDADE 5

A sabedoria da vida

Habitantes originais da Austrália há mais de 40 mil anos, os aborígenes hoje lutam para manter vivas suas crenças e tradições. Os mais velhos transmitem seus saberes aos jovens por meio de experiências e da história oral, como nessa foto.

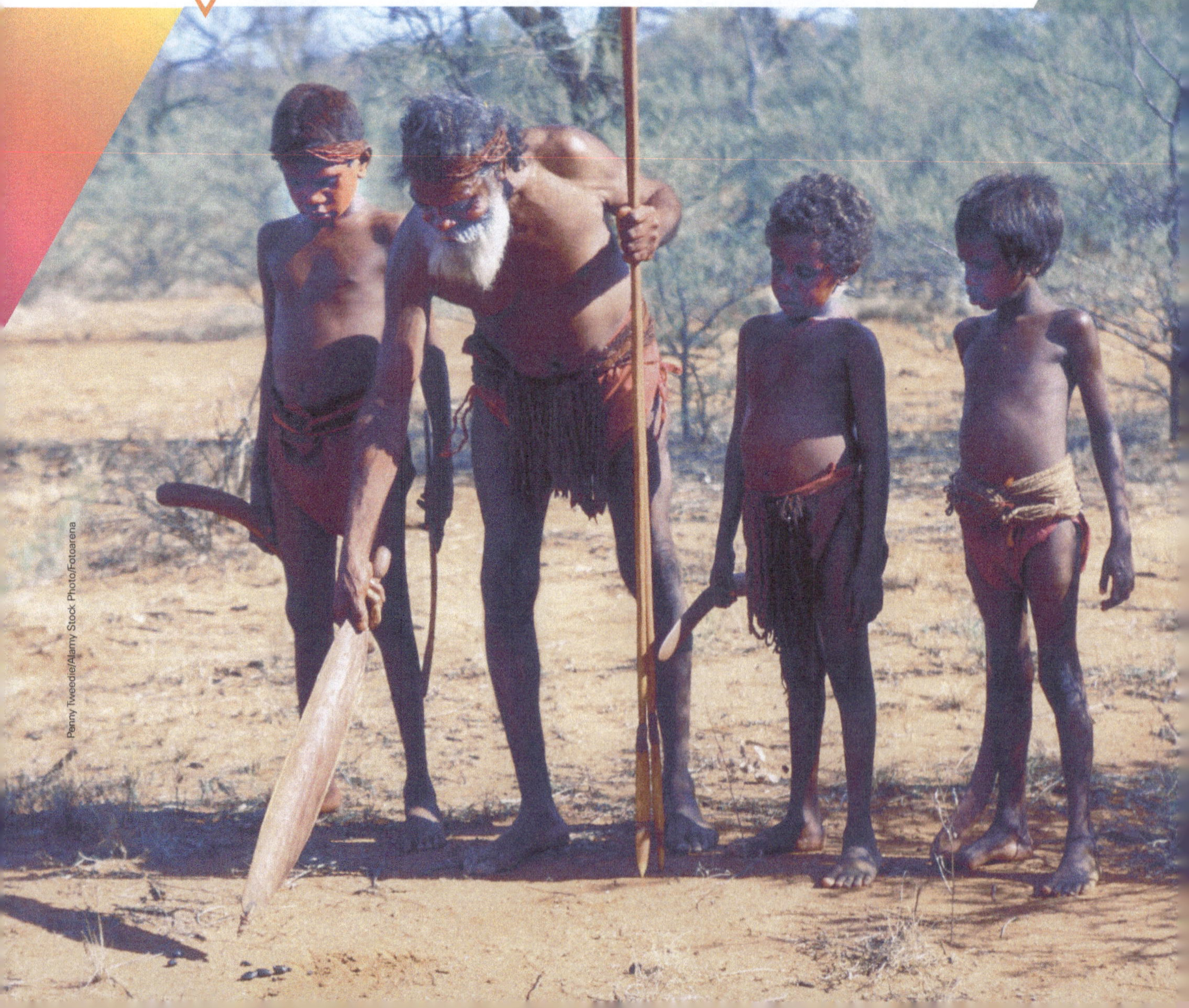

Penny Tweedie/Alamy Stock Photo/Fotoarena

Sanford/Agliolo/Getty Images

Os animais também têm capacidade de aprendizado.
Na foto, a mãe ursa tenta ensinar os filhotes a buscar o próprio alimento.

1. Todos os povos criam provérbios. O que eles representam?
2. Por que votar é um direito e um dever?

Capítulo 13

Pensar para saber mais

A semente que germina produz ramos, folhas, flores e frutos. O pensamento que pensa produz conhecimentos e falas diversas. Produz conhecimento e fala que calcula, imagina e confia.

BUZZI, Arcangelo R. ***Introdução ao pensar***. Petrópolis: Vozes, 1983. p. 9.

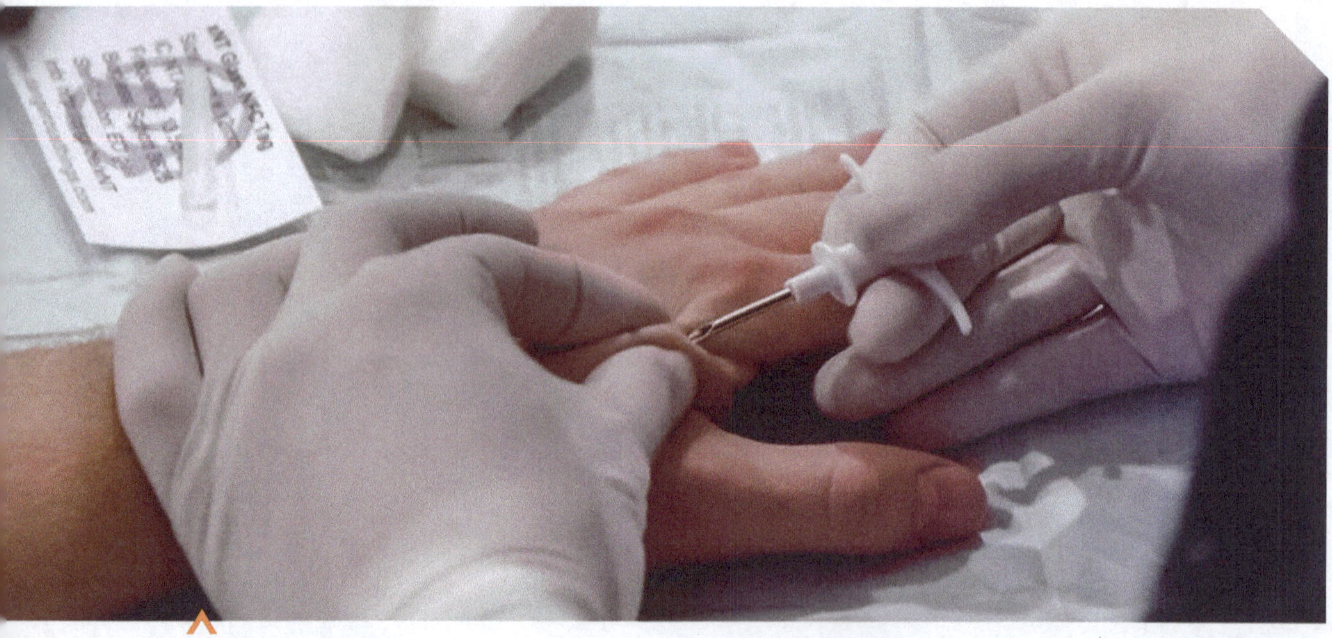

Arquivo Jana Hubika/Reflex.cz

O implante de *chip* em seres humanos já é uma realidade. Na República Tcheca voluntários estão testando um *chip* eletrônico que permite fazer pagamentos sem a necessidade de senhas. Foto de 2016.

Pensar, saber e conhecer são ferramentas necessárias para o desenvolvimento das pessoas em qualquer área da vida. Neste capítulo, veremos como se desenvolveu a filosofia, ou o amor à sabedoria, que nos faz refletir sobre as questões morais, éticas e existenciais.

Saberemos mais sobre a vida do filósofo Sócrates, o método que utilizava para chegar à verdade e suas convicções, mesmo diante da morte.

Desde tempos remotos, o ser humano tem acumulado conhecimentos e formulado teorias sobre si mesmo, sobre o meio ambiente, sobre a vida e sobre Deus. E o tem feito por meio de inscrições, pinturas, filmes, peças teatrais, imagens e textos impressos ou digitais. Com isso, progrediu de forma a prolongar e melhorar a aventura humana sobre a Terra.

Há consequências para a falta de reflexão.

Laerte/Acervo da cartunista

Aqueles que não aproveitam os conhecimentos acumulados pela humanidade, que não estudam, não leem e que não descobrem a importância do saber perdem uma grande oportunidade de desenvolver o senso crítico e de participar ativamente do mundo em que vivem.

Jaime Monfort/Getty Images

Refletir expande nossa capacidade de compreensão.

A cultura grega e a filosofia

Mais do que acumular conhecimentos, é preciso saber usá-los, tirar proveito deles pela análise, pela observação e pelo raciocínio. É preciso saber pensar.

O ser humano sempre utilizou a **razão** para criar hipóteses, julgar e concluir, ou seja, para raciocinar. Foram os gregos, porém, que desenvolveram a filosofia, uma disciplina específica relacionada à razão, tornando-a um instrumento eficaz para interpretar a realidade. Os pensadores gregos eram chamados de filósofos, que significa "amigos da sabedoria".

A filosofia desenvolveu-se em um período de grande florescimento cultural, ao lado da arquitetura, da escultura, da literatura, da democracia e dos esportes. A cultura grega teve seu auge no século V a.C.

Razão: aqui tem o sentido de faculdade relacionada à capacidade de argumentar, de julgar, de distinguir o verdadeiro do falso e o bem do mal e de concluir.

Grécia antiga e suas colônias (século VIII a.C. a V a.C.)

Banco de imagens/Arquivo da editora

Adaptado de: ALBUQUERQUE, Manoel Maurício de et al. Atlas histórico escolar. 8. ed. Rio de Janeiro: MEC/Fename, 1986. p. 77. In: COTRIM, Gilberto. *História Global* (Plural). São Paulo: Saraiva, 2016. p. 107.

Os primeiros filósofos

Os gregos desenvolveram uma rica mitologia para explicar aquilo que desconheciam, como a criação do mundo e do homem, o destino, a existência do amor e do ódio e toda a complexidade da vida sobre a Terra. As narrativas míticas forneciam aos gregos as primeiras justificativas religiosas, **éticas**, sociais e políticas.

Ética: parte da filosofia que se ocupa do comportamento humano em relação ao certo e ao errado, ao bem e ao mal.

Chegou, porém, o momento em que os mitos já não conseguiam suprir as demandas do ser humano por conhecimento nem justificar logicamente aquilo que os fundamentava. Assim, surgiram os filósofos, que passaram a refletir sobre a realidade com base na razão, e não mais nas narrativas míticas. Filosofar é questionar, é duvidar, é buscar a verdade pela razão, e não pela imaginação.

De qualquer modo, os mitos foram e continuam sendo primordiais para a filosofia. Foi a partir deles que os filósofos começaram a examinar os fenômenos naturais, a origem da vida, a finalidade da organização política e tudo o que envolve a existência humana no mundo.

A cultura grega influenciou a civilização ocidental: invenções, artes, política e, principalmente, a filosofia condicionaram nossa maneira de fazer ciência, arte e de pensar a realidade.

> Em filosofia a verdade está menos nas respostas do que nas perguntas.
>
> REALE, Miguel. O mundo da Filosofia. *O Estado de S. Paulo*, São Paulo, 18 mar. 2000. p. A2.

Album/DEA/G. Dagli Orti/Fotoarena/Museu Arqueológico Nacional de Taranto, Itália.

Vaso grego do século V a.C. com imagem que representa a deusa Atena acordando Ariadne e Teseu. Na mitologia grega, Atena é a deusa da sabedoria.

Sócrates (470 a.C.-399 a.C.)

Dentre os filósofos gregos, destacaram-se Sócrates, Platão e Aristóteles. Sócrates foi professor de Platão, que por sua vez foi professor de Aristóteles. Aqui vamos conhecer um pouco a filosofia de Sócrates, que exerceu grande influência sobre a civilização ocidental.

Em Atenas, capital da Grécia, Sócrates percorria muitos lugares públicos conversando com as pessoas sobre a verdade, o certo e o errado, o significado da vida, a ambição e tudo o que leva o ser humano à felicidade ou à infelicidade. Era um professor original. Nunca dava as respostas para as perguntas que fazia. Esperava que seu interlocutor as descobrisse por si mesmo.

Acrópole de Atenas, na Grécia, local onde Sócrates e seus discípulos viveram. Foto de 2017.

Fabrizio Troiani/Alamy Stock Photo/Fotoarena

Um dia, o filósofo perguntou a um general o que ele entendia por coragem. O militar respondeu que coragem é não recuar, mesmo correndo riscos. Sócrates, então, lembrou-lhe que um comandante conhecido recuou com seu exército, ficou esperando os inimigos em um lugar estratégico e acabou vencendo a guerra. Assim, o interlocutor de Sócrates teve de concordar que sua definição de coragem não estava de todo correta.

Quando o interlocutor, por meio das sucessivas perguntas e respostas, admitia estar equivocado, Sócrates passava para a segunda parte do diálogo, chamada maiêutica, palavra grega que significa "parto". Sua mãe era parteira. Assim como ela ajudava as mulheres a dar à luz, Sócrates ajudava as pessoas a produzir e tirar de dentro de si mesmas as verdades que estavam procurando.

"Só sei que nada sei" é uma das frases mais conhecidas de Sócrates. Surpreendentemente, o filósofo se dizia ignorante. Outra frase famosa de Sócrates é "Conhece-te a ti mesmo", que ele adotou como lema de vida.

E você, será que se conhece bem? Sabe por que age de uma maneira ou de outra? Por que sente inveja, ciúme, raiva, amor? De quais maneiras se deixa influenciar pelos outros? Que caminho deseja seguir? Precisamos da filosofia para nos entender melhor.

Sócrates era considerado "o mais sábio dos seres humanos". Ele vivia o que ensinava. Antes de morrer, lembrou-se de que prometera um galo ao deus Asclépio e encarregou um amigo de pagar a dívida. Para ele, a justiça não era apenas um conceito abstrato – ele agia dessa maneira, na prática. Seu ideal era a felicidade de todos os habitantes de Atenas. Por isso, criticava os maus políticos que, como ainda ocorre atualmente, se serviam do poder para atender a seus próprios interesses.

Granger/Bridgeman Images/Easypix Brasil

O método socrático de ensino privilegiava o diálogo e o questionamento constante como formas de conhecimento de si mesmo e do mundo. *Sócrates ensina na Ágora*, gravura do século XIX em baixo-relevo.

Sócrates provocou a vingança dos poderosos, que o condenaram à morte. O filósofo aceitou a morte serenamente. Não achou que fugir da prisão e refugiar-se em outro país, como foi sugerido por alguns de seus amigos, fosse uma solução sábia. Para ele, a sabedoria valia mais que a própria vida.

Para ler e pensar

Palavras de Sócrates

Se vocês me dissessem:

— Sócrates, se parares de investigar e de filosofar por aí, não consideraremos os teus acusadores e te deixaremos em liberdade. Caso contrário, terás de morrer.

Se vocês me libertassem sob essa condição, eu lhes responderia:

— Meus queridos atenienses, agradeço-lhes a oportunidade de me salvar a vida. No entanto, devo obedecer aos deuses antes que a vocês e a qualquer outro. Além disso, tenho de ser fiel ao que sempre ensinei: Não te envergonhas de te ocupar com as riquezas e com a fama sem ter o cuidado com a sabedoria, com a verdade e com a alma, para torná-la melhor na medida do possível?

Texto elaborado com base em: MONDOLFO, Rodolfo. *Sócrates*. São Paulo: Mestre Jou, 1972. p. 42.

Bridgeman Images/Easypix Brasil/Galleria degli Uffizi, Florença, Itália.

Sócrates (de túnica amarela) foi condenado à morte pelo povo de Atenas. Rodeado por amigos desolados, ele toma a taça de cicuta (um veneno). *A morte de Sócrates*, 1650, do pintor francês Charles-Alphonse du Fresnoy. (Óleo sobre tela, 122 cm × 135 cm.)

Atividades

Vamos refletir?

1 Reflita e responda às questões a seguir.

a) Quais ações são necessárias para aprender a pensar, conforme ensina a filosofia?

____

____

b) A partir das informações estudadas no capítulo, elabore um conceito de filosofia.

____

____

2 Você sabe qual é a diferença entre inteligência e sabedoria?

- Leia os itens abaixo e marque **1** para o que se refere à inteligência e **2** para o que se refere à sabedoria.

( ) Capacidade de conhecer e manipular o mundo.

( ) Capacidade de saborear o mundo.

( ) Fornece-nos os meios para viver.

( ) Fornece-nos as razões para viver.

( ) Tem ligação com a felicidade.

( ) É avaliada em testes.

( ) Não há testes para avaliá-la.

( ) É mais dom do que mérito.

( ) É uma conquista, fruto da busca.

André Valle/Arquivo da editora

3 Leia, pense e faça o que se pede.

Sócrates aguardava a execução na prisão. Um dia ouviu outro prisioneiro cantando uns difíceis versos líricos do poeta Stesichoros. Sócrates pediu-lhe que lhe ensinasse os versos.

— Por quê? — perguntou o cantor.

— Para que eu possa morrer sabendo uma coisa a mais — foi a resposta do grande homem.

MELLO, Anthony de. *O enigma do iluminado II*. São Paulo: Loyola, 2000. p. 226.

a) Dê um título que combine com a história.

b) Você tem se empenhado para aprender algo novo a cada dia? Como?

4 Leia a tirinha, observe, pense e depois responda.

BROWNE, Dik. *O melhor de Hägar o horrível*. Porto Alegre: L&PM Editores, 1986. p. 62.

a) Que final você imagina para a história da humanidade?

b) Qual foi a contribuição do filósofo Sócrates para a humanidade?

c) E você, que contribuição pretende dar?

Trocando ideias

5 A partir da frase abaixo, converse com o professor e os colegas e responda às questões.

- Sócrates mostrou que perguntar é uma das formas mais inteligentes de ensinar e aprender.

a) Em sua opinião, o que é mais importante: as perguntas ou as respostas? Explique.

b) Você costuma fazer perguntas? A quem? Quais assuntos mais despertam sua curiosidade?

c) Sabendo que uma pergunta bem formulada merece uma resposta igualmente refletida, elabore uma pergunta sobre um tema de sua escolha.

d) Leia a sua pergunta para os colegas, ouça as deles e anote aquela que mais chamar a sua atenção.

e) Durante a semana, tente encontrar a resposta para a pergunta, consultando os meios de que você dispõe.

Pensando juntos

6 **Em duplas, leiam a tirinha a seguir e respondam à questão.**

RUAS, Carlos. *Um sábado qualquer:* Sócrates 6.
Disponível em: <www.umsabadoqualquer.com/857-socrates-6/>. Acesso em: 26 maio 2017.

- Ao sugerir que há várias perguntas às respostas de Deus, Sócrates está propondo qual método filosófico? Com qual intuito?

Capítulo 14

Para que servem os provérbios?

É melhor um pedaço de pão seco em paz do que uma casa cheia de manjares com discórdia.

Provérbios 17,1. ***Bíblia Sagrada***. 8. ed. Tradução da CNBB. Brasília: Edições CNBB; São Paulo: Editora Canção Nova, [s.d.]. p. 777.

Didecs/Shutterstock

"Vão-se os anéis, ficam os dedos", provérbio que indica ser preferível perder o supérfluo e ficar com o essencial.

Provérbios são frases curtas que expressam aspectos comuns da vida cotidiana e representam a cultura e o modo de pensar de cada povo.

Neste capítulo, vamos conhecer provérbios de outras nacionalidades, o que nos revela que os chamados ditados populares estão enraizados na cultura de diferentes povos. Também vamos discutir a necessidade de questionar os significados dos provérbios.

Todo povo possui um acervo, uma espécie de biblioteca oral, de provérbios que resumem o que pensa sobre o certo e o errado, o justo e o injusto, o amor e o ódio, a vida e a morte e tudo o que se relaciona com sua existência sobre a Terra.

Em geral, provérbios são sentenças curtas, rítmicas e rimadas, fáceis de decorar e passadas de pais para filhos, de geração em geração. Essa sabedoria popular é chamada de senso comum.

Os provérbios nem sempre expressam uma verdade absoluta. Vamos avaliar o provérbio "querer é poder". O que ele traz de verdadeiro? Pense um pouco: com esforço e determinação, consegue-se muita coisa na vida, mas... nem tudo. Uma criança, por exemplo, que não seja estimulada, que não tenha recursos e que não frequente a escola não conseguirá desenvolver suas potencialidades, mesmo sendo muito esforçada. O mesmo se pode dizer de uma sociedade sem acesso à educação, sem alimentação adequada, sem moradia nem assistência médica. Esse provérbio, portanto, não representa uma verdade universal, pois nem sempre querer é poder.

É comum ouvirmos dizer que os pobres e os excluídos não conseguem ganhar a vida porque não querem, mas sabemos que a falta de condições dignas impede o desenvolvimento das pessoas. Você acha que nesse caso se aplica o provérbio "querer é poder"?

Agora leia os provérbios desta página e avalie se expressam verdades.

Ilustrações: Biry Sarkis/Arquivo da editora

A universalidade dos provérbios

Muitos provérbios têm o mesmo significado para vários povos.

O elogio para si mesmo, por exemplo, parece ser universalmente reprovado. Em português se diz: "Elogio próprio é vitupério" (vergonha). Observe a sonoridade deste provérbio em italiano (*loda* e *broda* têm som aberto): *"Chi si loda si broda"* (Quem se elogia se lambuza). Já em alemão, o tom é mais severo: *"Das eigene Lob stinkt"* (O louvor próprio fede). Veja alguns provérbios em diferentes idiomas que têm como tema os amigos:

Em português: "Quem acha um amigo acha um tesouro".

Em inglês: *"A friend in need is a friend indeed"* (Um amigo na necessidade é um amigo de verdade). Observe a sonoridade do provérbio na língua inglesa.

Em francês: *"Amis valent mieux qu'argent"* (Amigos valem mais que dinheiro).

Em italiano: *"Chi trova un amico trova un tesoro"* (Quem acha um amigo acha um tesouro).

Doug Hamilton/Getty Images

Amigos gostam de se divertir juntos, como esses filhotes de raposa.

Para que filosofar?

A análise que fizemos dos provérbios é um exemplo de como precisamos de um saber mais rigoroso e de um espírito crítico para distinguir o certo do errado, o perfeito do imperfeito, a verdade da mentira.

Você gostaria de "comprar gato por lebre"? Não gostaria, certo? E o golpe do "bilhete premiado", em que tanta gente cai? E as propagandas que prometem o paraíso a quem se dispuser a comprar este ou aquele produto, mesmo que sejam completamente desnecessários ou até ruins? E os 99 centavos? O produto não custa 9 reais, custa 8,99 reais. O consumidor é ingênuo?

A filosofia prepara nosso espírito para que seja crítico e questione o sentido de todas as coisas, seja um simples provérbio, seja o significado de nossa existência na Terra. Para tudo precisamos de filosofia.

Livro de provérbios

Na Bíblia há um livro de provérbios com uma coletânea de ensinamentos práticos que ligam a vida cotidiana à prática religiosa, tratando de assuntos morais, de relações sociais e de bom senso. Veja alguns provérbios da Bíblia na página seguinte.

Feliz aquele que encontrou a sabedoria e que alcançou a prudência.

Provérbios 3,13.

A expectativa dos justos é a alegria, mas a esperança dos ímpios fracassa.

Provérbios 10,28.

Quão melhor é possuir a sabedoria do que o ouro, e adquirir a prudência, mais precioso do que a prata.

Provérbios 16,16.

Quem é generoso será abençoado, pois repartiu seu pão com o pobre.

Provérbios 22,9.

Macrovector/Shutterstock

Para ler e pensar

Provérbios contra provérbios

Devagar se vai ao longe.
Mas custa tanto a chegar.
Só paciência de monge
Para aguentar esperar.

iStockphoto/Getty Images

Mentira tem perna curta.
Todos sabem a oração.
Mas e se o tempo ela encurta
Viajando de avião?

Deus escreve certo por linhas tortas.
E a professora de caligrafia
Com Deus não se irritaria?

Roupa suja se lava em casa.
O que seria das pobres lavadeiras
se todos resolvessem
lavar a roupa suja em casa?

Texto elaborado com base em: TEIXEIRA, Nelson Carlos. *O grande livro dos provérbios*. Belo Horizonte: Leitura, 2000. p. 206.

Atividades

Vamos refletir?

1 **Considerando o que você aprendeu sobre provérbios, responda às questões.**

a) O que são provérbios?

b) Quais provérbios você ou as pessoas da sua família costumam usar com frequência?

c) Reveja o exemplo do provérbio "Querer é poder" e pense: você acredita que esse provérbio vale para todas as situações?

d) Pesquise e complete o provérbio árabe abaixo. Depois, escreva sua opinião sobre esse ditado popular.

Quem não sabe e pensa que sabe é ______

Quem não sabe e sabe que não sabe é ______

Quem sabe e pensa que não sabe está ______

Quem sabe e sabe que sabe é ______

Provérbio árabe.

2 **Leia a tirinha a seguir e responda ao que se pede.**

QUINO, Joaquín S. L. *Mafalda:* madrugando. Disponível em: <http://centraldastiras.blogspot.com.br/2010/09/mafalda-madrugando.html>. Acesso em: 26 maio 2017.

a) Qual é o provérbio citado na tirinha?

____

____

b) Qual é o significado do provérbio?

____

____

c) Ele é válido para todas as pessoas?

____

____

d) O que a Mafalda compreendeu do provérbio?

____

____

____

Trocando ideias

3 **Aprecie a sabedoria contida nestes provérbios. Comente com os colegas e associe cada um deles à explicação correspondente.**

(1) O barato sai caro.	( ) O apaixonado não vê defeitos na pessoa que ama.
(2) As aparências enganam.	( ) Nem tudo é tal como se vê.
(3) Quem procura acha.	( ) Quem for perseverante pode conseguir o que deseja.
(4) Promessa é dívida.	( ) Conhecimento e sabedoria se adquirem com esforço e trabalho.
(5) Amor com amor se paga.	( ) Comprando coisas baratas corremos o risco de comprar duas vezes.
(6) Ninguém nasce sabendo.	( ) Quem trata com amor os outros recebe amor também.
(7) A união faz a força.	( ) O esforço conjunto dá melhores frutos que o trabalho individual.
(8) O amor é cego.	( ) Quando se promete algo, deve-se cumpri-lo.

4 **Leia esta pequena fábula e assinale os provérbios que se aplicam a ela.**

Um caranguejo vivia com a mãe no fundo do mar. A mãe caranguejo tinha muito orgulho do filho, mas sempre o incitava a se sair melhor.

Certa manhã, ela percebeu que o filho andava pelo fundo do mar fazendo os movimentos laterais típicos dos caranguejos.

— Eu gostaria que você andasse para a frente — resmungou ela. Seria muito mais bonito.

— Eu o farei, mamãe, se você me mostrar como — replicou o filho.

A mãe bem que tentou, mas descobriu que só podia andar de lado.

ESOPO. *Fábulas de Esopo*. Recontadas por Graeme Kent. 2. ed. São Paulo: Edições Loyola, 2002. p. 74.

( ) Faça o que eu digo, mas não faça o que eu faço.

( ) Quem usa a cabeça não cansa os pés.

( ) Palavras convencem, mas o exemplo arrasta.

( ) Antes só do que mal acompanhado.

( ) Mais vale agir do que falar.

( ) Cada louco com sua mania.

( ) Mais vale o exemplo que mil palavras.

Pensando juntos

5 **Conversem sobre os provérbios abaixo. O que eles dizem é verdade ou não? Depois, escolham um deles e justifiquem a resposta.**

- Saber não ocupa lugar. (Provérbio latino.)
- A inteligência é inata, mas a sabedoria se aprende. (Provérbio chinês.)
- Quem tudo quer tudo perde. (Provérbio espanhol.)
- Melhor prevenir do que remediar. (Provérbio inglês.)
- Há tempo de falar e tempo de calar. (Provérbio bíblico.)
- Ao bom entendedor, meia palavra basta. (Provérbio francês.)

Capítulo 15

Política, arma da sabedoria

O pior analfabeto é o analfabeto político.

BRECHT, Bertolt. In: BARBOSA, Valmir. ***A vaca sagrada foi pro brejo:* ceticismo de A a Z.** Rio de Janeiro: Frutos, 2005. p. 81.

Angeli/Acervo do cartunista

ANGELI, Arnaldo. *Rumo às urnas.* Disponível em: <http://noticias.uol.com.br/humor/2008_album.htm#fotonav=20>. Acesso em: 26 maio 2017.

A máxima "religião, futebol e política não se discutem" não poderia ser mais errada. A política, principalmente, deve ser discutida, comentada, debatida, porque é extremamente importante para a formação de um povo. É por meio dela que podemos acompanhar projetos que vão ou não melhorar a vida das pessoas.

Neste capítulo, veremos a importância da política e a responsabilidade que todos têm em relação a ela e à luta pela justiça e igualdade social.

A **política** faz parte da sabedoria. Uma das virtudes do sábio é o amor ao próximo. Ora, como amar os outros, principalmente os mais necessitados, se desprezamos a organização encarregada de distribuir com justiça os bens produzidos pela sociedade?

Política: arte de organizar e gerir uma cidade, um estado ou um país. Origina-se da palavra grega *pólis*, que significa "cidade".

Por que em geral as pessoas não gostam de política? Porque ignoram o valor dela. E, quando isso acontece, corre-se o risco de deixá-la nas mãos de pessoas que nem sempre estão interessadas em resolver os problemas da coletividade.

> O pior analfabeto é o analfabeto político. Ele não ouve, não fala, nem participa dos acontecimentos políticos. Ele não sabe que o custo de vida, o preço do feijão, do peixe, da farinha, do aluguel, do sapato, do remédio dependem das decisões políticas. O analfabeto político é tão ingênuo que se orgulha e estufa o peito dizendo que odeia a política. Não sabe ele que da sua ignorância política nascem a prostituta, o menor abandonado, o assaltante e o pior de todos os bandidos, que é o político vigarista, o pilantra, o corrupto e lacaio das empresas nacionais e multinacionais.

Texto elaborado com base em: BRECHT, Bertolt. *O analfabeto político*. Disponível em: <https://tinyurl.com/yah8ggfd>. Acesso em: 22 jun. 2017.

Luciana Whitaker/Pulsar Imagens

Jovem vota, exercendo seu direito e seu dever. Rio de Janeiro, 2016.

André Valle/Arquivo da editora

Eis a missão de qualquer cristão, de qualquer religioso, de qualquer ser humano: ser luz. O mundo para o qual devemos ser luz pode ser apenas nossa família, nosso bairro, nosso colégio, nossa sala de aula. Isso não é pouco. O importante é ser luz, iluminar a ignorância, não compactuar com a mentira, com a falta de ética, com a desonestidade.

Cada um pode iluminar seu ambiente de acordo com suas possibilidades. A partir dos 16 anos, você poderá escolher seus candidatos pelo voto. Votar é um dever e um direito que deve ser exercido com responsabilidade e lucidez. E, para isso, é preciso se preparar, lendo livros, revistas e jornais, e participar de discussões.

Para ler e pensar

Esquerda/direita

Definir um posicionamento político apenas pelos interesses partidários pode ser uma armadilha repleta de confusões, já que essa divisão binária não reflete a complexidade e as contradições da sociedade. O fato é que não existe um consenso quanto a uma definição comum e única de esquerda e direita. Existem diversas "esquerdas" e diversas "direitas". Isso porque esses conceitos são associados a uma ampla gama de pensamentos políticos.

Origem dos termos

Os termos "esquerda" e "direita" foram criados durante as assembleias francesas do século XVIII. Nessa época, a burguesia procurava, com o apoio da população mais pobre, diminuir os poderes da nobreza e do clero. Era a primeira fase da Revolução Francesa (1789-1799).

Com a Assembleia Nacional Constituinte montada para criar a nova Constituição, as camadas mais ricas não gostaram da participação das mais pobres, e preferiram não se misturar, sentando separadas, do lado direito. Por isso, o lado esquerdo foi associado à luta pelos direitos dos trabalhadores e o direito, ao conservadorismo e à elite.

Bridgeman Images/Easypix Brasil/Biblioteca Nacional, Paris, França.

Abertura da Assembleia dos Estados Gerais em Versalhes, 1789, óleo sobre tela do pintor francês Isidore Stanislas Helman.

Dentro dessa visão, ser de esquerda presumiria lutar pelos direitos dos trabalhadores e da população mais pobre, a promoção do bem-estar coletivo e da participação popular dos movimentos sociais e minorias. Já a direita representaria uma visão mais conservadora, ligada a um comportamento tradicional, que busca manter o poder da elite e promover o bem-estar individual. [...]

Para o filósofo político Norberto Bobbio, embora os dois lados realizem reformas, uma diferença seria que a esquerda busca promover a justiça social enquanto a direita trabalha pela liberdade individual.

Após a queda do Muro de Berlim (1989), que pôs fim à polarização EUA × URSS, um novo cenário político se abriu. Por isso, hoje, as palavras "esquerda" e "direita" parecem não dar conta da diversidade política do século XXI. Isso não quer dizer que a divisão não faça sentido, apenas que "esquerda" e "direita" não são palavras que designam conteúdos fixados de uma vez para sempre. Podem designar diversos conteúdos conforme os tempos e situações.

[...]

MARTINS, Andrea. *Política*: O que é ser esquerda, direita, liberal e conservador? *UOL*. Disponível em: <http://j.tinyurl.com/mwfpwpo>. Acesso em: 2 abr. 2017.

Atividades

Vamos refletir?

1 Leia e, depois, faça o que se pede.

[...]
Solidários, somos gente;
solitários, somos peças.
De mãos dadas, somos força;
desunidos, impotência.
Isolados, somos ilha;
juntos, somos continente.
Inconscientes, somos massa;
reflexivos, somos grupo.
[...]

PEIXOTO, Manuel. *Emigrar:* a aventura do trabalhador. Porto: Editorial Perpétuo Socorro, 1982. p. 37.

a) Quais são as atitudes que, coerentes com o texto, devemos tomar diante da realidade vigente?

____

b) Dê um título adequado e estimulante ao texto.

____

Trocando ideias

2 Observe, leia e compare as tirinhas. Converse sobre isso com o professor e os colegas. Depois responda às questões.

SANTOS, Eduardo S. *Por que os pássaros acordam cedo*. Disponível em: <http://miscelaneajuliolucas.blogspot.com.br/2011/12/tiradas-de-tirinhas-por-que-os-passaros.html>. Acesso em: 19 jun. 2017.

CORREA, Avelino A.; SCHNEIDERS, Amélia. *De mãos dadas*: ensino religioso (9º ano). 7. ed. São Paulo: Scipione, 2007. p. 48.

a) Qual diferença entre as duas tirinhas chamou mais a sua atenção? Explique.

____

____

____

b) Se a tarefa de mudar o mundo fosse apenas sua, por onde você começaria? Explique.

____

____

____

c) O que você pode e deve fazer para não se tornar retrógrado (que anda para trás, contrário ao progresso), anacrônico (obsoleto, que não se adapta aos hábitos de uma época) e despolitizado?

____

____

____

Pensando juntos

3 **Em duplas, leiam, pensem e façam o que se pede.**

a) Completem as sentenças abaixo.

- **Ser luz significa lutar por uma sociedade fraterna e democrática, na qual prevaleça...**
  - a verdade em lugar da ______________________.
  - a honestidade em lugar do ______________________.
  - a justiça em lugar da ______________________.
  - o agrupamento em lugar do ______________________.
  - a paz em lugar da ______________________.
  - a solidariedade em lugar do ______________________.
  - o respeito em lugar do ______________________.
  - a organização em lugar da ______________________.

b) Que relação vocês conseguem perceber entre o assunto luz e o tema política?

____

____

4 Ainda com o colega, leiam o texto a seguir, de Erico Verissimo, e reflitam sobre como o autor demonstrou ter consciência de sua missão de ser luz para o mundo.

Acender a lâmpada

[...]

Desde que, adulto, comecei a escrever romances, tem-me animado até hoje a ideia de que o menos que um escritor pode fazer, numa época de atrocidades e injustiças como a nossa, é acender a sua lâmpada, fazer luz sobre a realidade de seu mundo, evitando que sobre ele caia a escuridão, propícia aos ladrões, aos assassinos e aos tiranos. Sim, segurar a lâmpada, a despeito da náusea e do horror. Se não tivermos uma lâmpada elétrica, acendamos o nosso toco de vela ou, em último caso, risquemos fósforos repetidamente, como um sinal de que não desertamos de nosso posto.

VERISSIMO, Erico. *Solo de clarineta*. v. 1. São Paulo: Companhia das Letras, 2005. 2 v.

- As ideias de Verissimo sugerem que se tenha a coragem de...
  - ( ) denunciar a opressão e a corrupção.
  - ( ) combater a ignorância e a injustiça.
  - ( ) fugir dos problemas e isolar-se.
  - ( ) desmascarar a falsidade e a mentira.
  - ( ) calar para evitar conflitos.
  - ( ) propor objetivos de vida.
  - ( ) interessar-se e manter-se informado.

5 Junto com o colega, pensem e façam o que se pede após ler o texto abaixo.

Bilhete para o além

Meus prezados irmãos do além! Eu estou aqui, num lugar chamado Terra. Quanta **besteira** se faz neste lugar! O ser humano virou **praga** por aqui. É **espantoso** ver como ele **desrespeita** os outros. Ele **agride** e **destrata** a todos da forma mais **desprezível**.

Uma coisa chamada **ganância** tomou conta dele e o leva a **explorar egoisticamente** as pessoas. Diante desse quadro **desolador**, tornou-se extremamente **desagradável** viver aqui...

a) Destaquem e transcrevam uma frase do bilhete que demonstre o desgosto do autor.

____

____

____

b) Para reverter a situação, reescrevam o bilhete, substituindo as palavras destacadas por outras de sentido positivo. Depois releiam e percebam a transformação.

6 **Discuta com o professor e os colegas a respeito desta afirmativa: Indignar-se é o primeiro passo para provocar mudança.**

a) Que tipo de fatos provocam indignação em você?

b) Como você reage a essa indignação?

c) Suas reações podem ser consideradas atos políticos? Por quê?

d) Como você idealiza o perfil do político autêntico?

Saiba mais

Zelota: a vida e a época de Jesus de Nazaré.
Livro de Reza Aslan, Zahar, 2013.

Neste livro, o escritor e especialista em religião descreve a época em que Jesus viveu e sua trajetória como uma figura política e revolucionária. O autor, iraniano radicado nos Estados Unidos, confronta dados dos Evangelhos com a documentação romana, em um trabalho minucioso de pesquisa histórica.

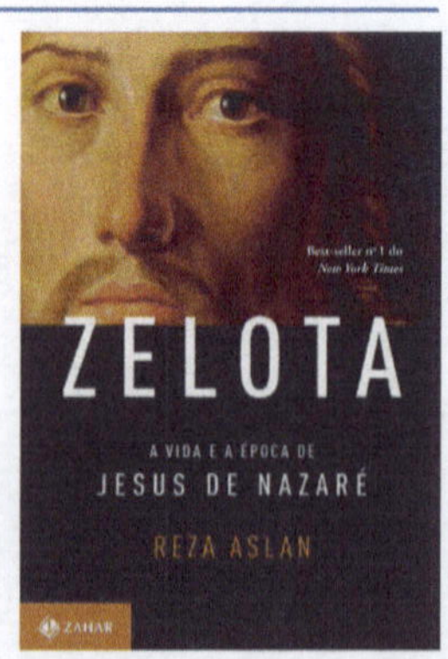

Reprodução/Editora Zahar

Candomblé (II)

Os terreiros

O terreiro é o espaço sagrado do candomblé. É constituído de um conjunto de edificações, cada uma delas com uma função específica: residência, galpão onde se realizam os cultos e as festas, a cozinha e outros ambientes.

Os terreiros constituem um espaço rico de cultura e tradições afro-brasileiras.

O candomblé é uma sociedade organizada, mas não possui preceitos ou regulamentos escritos. Os conhecimentos são transmitidos oralmente de geração em geração. Mas já existe um grande acervo de obras sobre os orixás e o candomblé.

Yasuyoshi Chiba/Agência France-Presse

Aspecto de um terreiro de candomblé durante uma cerimônia dedicada a Oxossi (orixá das florestas e dos animais) em São Paulo. Foto de 2013.

Há vários tipos de candomblé – chamados **nações**, por se originarem de nações de diferentes regiões da África –, que possuem rituais próprios.

Cada terreiro cultua um orixá principal, sem deixar de atuar com os outros.

Criação dos seres humanos e o ebó

Segundo o candomblé, fomos criados pelos orixás. Cada pessoa pertence a um orixá. Como saber o nome de seu orixá? Os pais de santo, sacerdotes do candomblé, utilizam alguns meios para que se possa descobrir o orixá. Um deles é o conhecido jogo de búzios.

A cozinha do candomblé é um lugar sagrado, onde se fazem deliciosos pratos aos orixás e aos participantes dos rituais. A comida dos orixás é chamada de ebó e é deixada nos lugares em que se supõe que eles estejam.

Características dos orixás

Assim como os deuses gregos, os orixás apresentam características positivas e negativas. Eles protegem os seres humanos, mas guerreiam entre si, tentam ampliar seus territórios, sentem raiva e inveja, amam e se apaixonam. Enfim, são entidades com características humanas. Mas é preciso observar que os orixás são energia (axé) e que a transmitem.

Contribuições culturais

A música no candomblé é muito rica, tanto a vocal quanto a instrumental, como o som dos tambores. Os gestos são elegantes, a dança é graciosa e as vestes, alegres e vistosas. Tudo isso faz parte essencial do culto. Não é, pois, de estranhar que muitos poetas e músicos buscaram e ainda buscam inspiração na arte do candomblé. Nas últimas décadas, intelectuais, artistas e turistas têm frequentado seus rituais. O candomblé influenciou a cultura brasileira. Qualquer pessoa, independentemente de sua etnia, pode ingressar no candomblé.

A morte

No candomblé, a morte não é um acontecimento de lágrimas e tristezas. Os que morrem viram ancestrais, ou seja, continuam espiritualmente no terreiro, participam do axé da comunidade e protegem os vivos. Transformam-se em eguns.

Discriminação, preconceito e perseguição

O candomblé sempre foi objeto de discriminações, preconceitos e perseguições. O orixá Exu, por exemplo, é muitas vezes identificado de forma equivocada com o diabo.

Até há pouco tempo, os terreiros precisavam pedir licença da polícia para realizar seus cultos públicos. Em grande parte de sua história, os terreiros foram invadidos e destruídos por policiais e fanáticos de outras religiões. Nem todas as esferas de governo aceitam o terreiro como um templo religioso. Por isso, vários estados brasileiros não o isentam de impostos, conferindo a ele um tratamento diferente do oferecido a outras religiões.

Bridgeman Images/Easypix Brasil/ Museu de Arte de Indianápolis, EUA.

Traje de um egungun do candomblé.

Atividades

1 **Leia as questões e responda ao que se pede.**

a) Como você entende a saudação axé?

____

____

b) De onde vem a palavra axé e o que significa?

____

____

c) Quais são as divindades cultuadas no candomblé?

____

____

2 Em duplas, consultem o texto para completar as frases.

a) O candomblé é uma religião sem igrejas. Seus cultos são realizados em um espaço sagrado chamado ____________________.

b) Esse espaço, ou seja, o terreiro, é formado de ____________________, em cujo centro se situa um galpão, onde se realizam os ____________________.

c) Os conhecimentos no candomblé são transmitidos oralmente, de ____________________

____.

3 Assinale verdadeiro (V) ou falso (F) conforme sua avaliação de cada afirmativa abaixo.

- **Segundo o candomblé...**

( ) os seres humanos foram criados pelos orixás.

( ) cada pessoa pertence a um determinado orixá.

( ) o jogo de búzios é o principal entretenimento dos seguidores do candomblé.

( ) a personalidade das pessoas provém de um conjunto de orixás aos quais ela está ligada.

4 Releia o texto, comente com o professor e os colegas e depois escreva suas conclusões sobre os itens listados abaixo.

a) Contribuições culturais do candomblé.

____

b) A morte, na tradição do candomblé.

____

c) O preconceito e a perseguição sofridos pelos praticantes do candomblé.

____

Bibliografia

Religião

Os livros sugeridos abaixo trazem noções básicas das principais religiões do mundo. Ricas em imagens e com pesquisas sólidas, as obras revelam como e onde surgiram várias crenças religiosas, seus rituais, mandamentos, as localidades com maior número de praticantes, etc.

CARIELLO, Sergio. *Bíblia em ação:* a história da salvação do mundo (HQ). Santo André: Geográfica, 2011.

FINE, Doreen. *O que sabemos sobre o judaísmo?*. 2. ed. São Paulo: Callis, 2009. (O que sabemos sobre).

FREEDMAB, Paul et al. *O livro das religiões*. 2. ed. São Paulo: Globo, 2016. (As grandes ideias de todos os tempos).

GANERI, Anita. *O que sabemos sobre o budismo?*. 2. ed. São Paulo: Callis, 2009. (O que sabemos sobre).

______. *O que sabemos sobre o hinduísmo?*. 2. ed. São Paulo: Callis, 2009. (O que sabemos sobre).

HUSAIN, Shahrukh. *O que sabemos sobre o islamismo?*. 2. ed. São Paulo: Callis, 2009. (O que sabemos sobre).

VERGER, Pierre Fatumbi. *Lendas africanas dos orixás*. 4. ed. Salvador: Corrupio, 2011.

WATSON, Carol. *O que sabemos sobre o cristianismo?*. 2. ed. São Paulo: Callis, 2009. (O que sabemos sobre).

WILKINSON, Philip. *Religiões*. Rio de Janeiro: Zahar, 2011. (Guia Ilustrado Zahar).

Mitologia

As mitologias dizem muito sobre a cultura de um povo e constituem sua forma de explicar os fenômenos que não compreendem por outros meios. A mitologia da Grécia antiga é uma valiosa fonte de conhecimento sobre religião e artes. Até hoje os mitos gregos influenciam a ciência, a arte, as leis e a cultura em geral.

BELLINGHAM, David. *Introdução à mitologia grega*. Lisboa: Estampa, 2000.

BULFINCH, Thomas. *O livro da mitologia*. 2. ed. São Paulo: Martin Claret, 2015.

FRANCHINI, A. S.; SEGANFREDO, Carmen. *As melhores histórias da mitologia nórdica*. 13. ed. Porto Alegre: Artes e Ofícios, 2013.

POUZADOUX, Claude. *Contos e lendas da mitologia grega*. São Paulo: Cia. das Letras, 2001.

WILKINSON, Philip; PHILIP, Neil. *Mitologia*. 2. ed. Rio de Janeiro: Zahar, 2010. (Guia Ilustrado Zahar).

Filosofia

A filosofia surgiu na Grécia antiga e se espalhou pelo mundo. Ela gerou novas ideias e possibilidades, ensinando o ser humano a conviver com a pluralidade de opiniões. Além de ajudar a desenvolver a capacidade crítica, os estudos filosóficos conduzem à melhor compreensão dos diversos dilemas vivenciados pela humanidade.

GAARDER, Jostein. *O mundo de Sofia*. São Paulo: Cia. das Letras, 2012.

HEER, Margreet de. *Filosofia em quadrinhos para principiantes*. São Paulo: Cultrix, 2013.

LAW, Stephen. *Filosofia*. 3. ed. Rio de Janeiro: Zahar, 2008. (Guia Ilustrado Zahar).

MICHAUD, Yves. *Filosofia para adolescentes*. São Paulo: Escala Educacional, 2007.

NAGEL, Thomas. *Uma breve introdução à filosofia*. 3. ed. São Paulo: WMF Martins Fontes, 2011.

SAVATER, Fernando. *Uma história descomplicada da filosofia*. São Paulo: Planeta do Brasil, 2015.

Fábulas

As fábulas são histórias curtas e antigas, cujos personagens geralmente são animais que falam e se comportam como seres humanos, reproduzindo inclusive seus defeitos e qualidades. O mais interessante nas fábulas são seus finais, sempre surpreendentes e curiosos.

LA FONTAINE, Jean de. *O melhor de La Fontaine:* fábulas. São Paulo: Escrituras, 2012.

LOBATO, Monteiro. *Fábulas*. 2. ed. São Paulo: Globo, 2012.

MOGENET, Jean-Philippe. *Fábulas de Esopo*. São Paulo: Cia. das Letrinhas, 2013.

PERRAULT, Charles. *Contos da mamãe gansa*. São Paulo: Cosac Naify, 2015.

Outras obras importantes

DRUON, Maurice. *O Menino do Dedo Verde*. Rio de Janeiro: José Olympio, 2016.

Com seu polegar verde, o menino pode fazer germinar e florescer qualquer semente, mesmo as invisíveis para nossos olhos. As flores que nascem não deixam o mal crescer.

FRANK, Anne. *O diário de Anne Frank*. Rio de Janeiro: Record, 2013.

Talvez esse seja um dos diários mais famosos do mundo. A adolescente Anne Frank narra o tempo em que ficou escondida com sua família no sótão de uma casa na Holanda, durante a ocupação nazista na Segunda Guerra Mundial. O diário expressa os sentimentos de uma jovem na iminência de ser presa e na esperança de sobreviver ao terror. Há que se destacar a solidariedade da família que ocultou os Frank.

SAINT-EXUPÉRY, Antoine de. *O Pequeno Príncipe*. 51. ed. Rio de Janeiro: Agir, 2015.

O Pequeno Príncipe é considerado um dos livros mais importantes do século XX por causa dos ensinamentos éticos que traz. O personagem principal é um principezinho que viaja por vários planetas. Seus diálogos com os personagens com os quais interage (uma rosa, um homem solitário, uma raposa, entre outros) são encantadores. *O Pequeno Príncipe* é uma lição de vida, com noções de solidariedade, cidadania e ecologia. Crianças, jovens ou adultos, todos têm o que aprender com essa obra.

WILDE, Oscar. *O retrato de Dorian Gray*. Adaptação de Clarice Lispector. Rio de Janeiro: Rocco, 2016.

Dorian Gray é jovem, muito bonito e virtuoso. Sua beleza é retratada de tal forma em um quadro feito pelo pintor Basil Hallward que deixa transparecer toda a sua pureza e inocência. Mas a beleza que tanto chama a atenção das pessoas acaba se tornando a fonte de seus problemas. Diversos dilemas vão se apresentando no decorrer desse clássico adaptado por Clarice Lispector, uma das maiores escritoras brasileiras.